パティスリーみたいなケーキが作れる

魔法の
デコレーション・
メソッド

熊谷裕子

Contents

Chapter 1
クリーム絞りで
華やかに、
ロマンチックに
…6

プロローグ…4

ゆずのレアチーズ…8
Variation ゆずのレアチーズケーキ
オーバル型…11
スノーフレークチーズケーキ…12
ストロベリーチーズケーキ…13

スクエアショート…14
Variation フルーツスクエアショート…17
カットケーキ…17

ラズベリーと白ワインのムース…18
Variation ラズベリーと白ワインのムースの
アントルメ…21

パッションフルーツとアプリコットのシャルロット…22
Variation アプリコットとビスキュイのケーキ…26

チョコレートとチェリーのケーキ…28
Variation チェリーとチョコレートクリームの
ケーキ…31

Chapter 2
フルーツで彩りよくフレッシュに
…32

キウイとココナツレモンのムース…34
Variation バナナムースココ…37

赤いフルーツのタルト…38
Variation フルーツタルト…41

いちごのボックスタルト…42
Variation ボックスタルト・プチ…44

プレートアレンジ1…45

Chapter 3
ナパージュ、グラサージュでつややかゴージャスに
…46

マンゴーとココナツのケーキ…48

赤いフルーツとカスタードのケーキ…52
Variation いちごとカスタードのケーキ…55

洋梨とメープルショコラ…56

マロンカフェ…60

ムースショコラ・テ…64

ケイクショコラ…68

Chapter 4
おもたせにも映えるグラスとココットで作るデザート
…71

マスカットとグレープフルーツのシャンパンジュレ…72
Variation ぶどうといちじくのロゼジュレ…75

マンゴーとパインのパンナコッタ…76
Variation 2色のフルーツのパンナコッタ…79

あんずの杏仁ブランマンジェ…80
Variation メロンのジュレのせ…83

プレートアレンジ2…83

クレームマンゴー…84

ココットマロン…86

バナナティラミス…88

プレートアレンジ3…91
この本に出てくる「ベース」の作り方…92
基本の材料…94
基本の道具…95

Prologue

明日「おもてなしのデザート」をお出しする、となったら、どんなお菓子を作りますか。
やっぱりゲストのまえでお披露目するのだから、見た目にも華やかできれいな仕上がりにしなきゃいけない、
でも難しいことはできないし、軽いランチだって作るからそんなに手間もかけられない…
ちょっぴり気が重くなってしまいますか？　いえいえ、「おもてなし」だからと言って
そんなに難しいテクニックや手間ひまかける必要はないのです。
ふだんよく作っているシンプルなデザートを、いつもと違うフルーツを飾ってみたり、
クリームの絞り方を変えてみたり、ちょっと素敵な器やスタイリッシュな型で作ってみる。
それだけで、定番のケーキの表情が変わり、わぁっと歓声が上がるようなきれいなケーキに変身します。
同じケーキでも、季節に合わせて色合いやトッピングのフルーツの組み合わせを変えるだけでも
まったく印象が変わったりします。ちょっと慣れてきたら、たまには頑張って
ワンランクアップのケーキにも挑戦して、レパートリーを増やしていけばいいのです。
そして細かいところまで気持ちが行き届いたきれいなデザートができたら、
皆で食べるひとときまでが美しく、夢のようなひとときになる、
それが一番の「おもてなし」になるのでしょう。

この本では「おもてなしやおもたせ」にぴったりな、
シンプルなグラスデザートに彩りよくフルーツをトッピングしたものから、
ナパージュやグラサージュでケーキ屋さんのようなレベルのケーキまで幅広くご紹介しています。
またあらかじめ余裕をもって準備しておける、冷凍して作るケーキもあります。
ご自宅でおしゃれなケーキタイムを楽しむためのプレートアレンジなども参考にしてみてください。
この本を通じてみなさんがもっと気楽に「おもてなしのデザート」作りに親しみ、
家族や親しい仲間と楽しい時間を共有していただければ、とても幸せです。

Chapter 1 | クリーム絞りで華やかに、ロマンチックに

口金を使い、さまざまなデザインを描くクリーム絞りは、ケーキデコレーションの永遠の定番。まずは最初に覚えたいテクニックです。昔からおなじみの星口金だけでなく、さまざまな口金を使い分けるとバリエーションが広がります。ポイントはクリームの固さとリズム。どんなふうに絞るのかを決めたら、迷わずリズミカルに絞っていくと、きれいに仕上がります。ここではスタンダードなクリーム絞りのほか、滑らかな生地を絞りだして焼いたケーキもご紹介します。

With whipped
THE POINT OF CREAM DECORATION

サントノーレ口金
もとはサントノーレというお菓子で使われていたことからこのように呼ばれます。シャープで大人っぽい仕上がりに。ケーキに対して絞り袋を垂直に立てて扱います。

力を加減しながら、リズミカルに絞り袋を引くのがコツ。

蛇行しながら、一気に絞り袋をジグザグに動かして。

星口金
星口金は太さと8切り、10切りなどの切り口の数で分類され、仕上がりが変わります。数が多いとボリューム感があってゴージャスです。

丸口金
口の直径によってはビスキュイなどの生地の絞りにも使われます。デコレーションで使うと、キュートな表情が生まれます。

10切りならワンポイントの絞りでも存在感アップ。

ぎゅっと絞り出して上に引くとかわいいしずく型に。

中級

DECORATION *Method* ：絞り（サントノーレ口金）／フルーツ

ゆずのレアチーズ

ふんだんに使った真っ赤なフルーツのデコレーションケーキには、
生クリームもサントノーレ口金でボリュームアップしてゴージャスに。

材料　直径15cm丸型セルクル1台分

<ビスキュイ>
卵…1個
砂糖…30g
薄力粉…30g
<ラズベリージュレ>
ラズベリーピュレ
（解凍した冷凍ピュレ）…55g
砂糖…5g
粉ゼラチン…2g
水（ゼラチン用）…10g
<レアチーズ>
クリームチーズ…170g
砂糖…45g
プレーンヨーグルト…120g

ゆずの皮（すりおろし）
…½個分
粉ゼラチン…6g
水（ゼラチン用）…30g
生クリーム（5分立て）…120g
<デコレーション>
生クリーム…150g
砂糖…12g
フルーツ…適量
ナパージュ…適量
溶けない粉糖※…少々
いちご、りんご、ラズベリー、
ブルーベリー…各適量

Base

ビスキュイ

生地の作り方は92～93ページ<ビスキュイ>を参照。
1 1cm丸口金で直径15cmの円形に絞り、180℃のオーブンで10～12分くらい焼く。
2 あら熱が取れたら少しだけ周囲をカットし、セルクル型よりひとまわり小さくしておく。
3 セルクル型にラップを貼って輪ゴムをとめて底にし、ビスキュイを中央に置く。

ビスキュイを入れた型はバットの上に置いておくと作業がスムーズ。

レアチーズ

1 室温に戻したクリームチーズをなめらかになるまで練り、砂糖を加えて混ぜる。
2 2回に分けてヨーグルトを**1**に加え、さらにすりおろしたゆずの皮を加える。
3 水でふやかしたゼラチンを電子レンジで加熱して溶かして**2**に混ぜ、さらに5分立てにした生クリームを混ぜる。

材料をすべて合わせたところ。チーズのダマが残らないよう、しっかり混ぜる。

いちご、りんごはスライスに。ラズベリー、ブルーベリーはそのまま使用。

※溶けない粉糖…デコレーション用。仕上げに振るのはすべてこれ。

HOW TO MAKE

§ 土台を作る

01 ビスキュイを敷いた型にレアチーズを半量流し入れる。

02 バットごと型を持ち上げてトントンと台に落とすようにして、生地の表面を平らに整える。

03 ラズベリーピュレに砂糖、水でふやかしてレンジで加熱し溶かしたゼラチンを順に加えて混ぜる。ボウルごと氷水に当て、混ぜながらとろみをつける。

04 どろどろになった**3**をスプーンで少しずつ**2**にのせる。型のふちより少し内側まで広げる。

中級　HOW TO MAKE　ゆずのレアチーズ

§ デコレーションする

05 4のジュレがはみ出さないよう残りのレアチーズを周りからそっと流し、表面を平らにしたら冷蔵庫で冷やし固める。

06 型から抜き、サントノーレ口金をつけた絞り袋に、砂糖を加えて8分立てにした生クリームを入れ、ケーキのふちから2cmくらい内側からぎゅっと絞り出し、カーブしながら中心へ引いていく。

Method 絞り袋は垂直に立てる

07 左側から絞り始め、すべて同じ角度のカーブに。回転台の上で絞るとやりやすい。

08 りんごは3mm厚にスライスし変色を防ぐためナパージュを塗っておく。ラズベリーには茶こしで粉糖を振っておく。

09 ケーキの正面を決めたら大きなフルーツから順にバランスを見ながら飾っていく。

10 それぞれのフルーツを立てるようにして立体感をつけながら飾ると仕上がりがきれい。

Method 立体感を意識して

レアチーズと生クリームの白とフルーツの赤のコントラストがきれい！

ボリュームのある生クリームの絞りでゴージャスな仕上がりに。

Variation

【同じ口金を使って絞り方をチェンジ】

ゆずの
レアチーズケーキ
オーバル型

材料 長径17cm、高さ4cmの
オーバル型セルクル1台分

★土台の材料、作り方は
9ページを参照
＜デコレーション＞
9ページの材料に生クリーム用の
粉糖を少々プラス

ビスキュイはセルクル型よりひと回り小さく焼く。9ページと同じ要領でラップを貼った型の底に敷き、あとは同様の作り方でレアチーズケーキを作る。

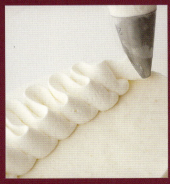

01 レアチーズケーキを型から抜き、口金の切り口を正面に構え、中央を空けた両サイドにサントノーレ口金を蛇行させながら生クリームを絞る。

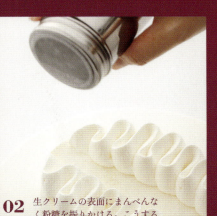

02 生クリームの表面にまんべんなく粉糖を振りかける。こうするとクリームがマットな質感になり、シックな仕上がりに。

03 立体感をつけながら彩りよくフルーツを飾る。

初級

Variation 【同じ生地で型をチェンジ】

9ページと同じ生地とシリコン素材の型を使って
小さなレアチーズケーキを作りました。
冷凍するのであらかじめ作っておけ、パーティにぴったりです。

スノーフレークチーズケーキ

雪の結晶型のチーズケーキ。プレーンとブルーベリーの2種をどうぞ。

材料 直径5cmシリコン製雪の結晶型11個分
＜レアチーズ＞
クリームチーズ…160g
砂糖…50g
牛乳…65g
レモン汁（お好みで）…½個分
粉ゼラチン…5g
水（ゼラチン用）…25g
生クリーム（5分立て）…130g
ブルーベリージャム…大さじ1〜2
＜デコレーション＞
アラザン（大）…適量

ムースやゼリーなど冷やし固めるデザートだけでなくケーキも焼けるシリコン素材の型。これは雪の結晶型。

01 柔らかくしたクリームチーズに砂糖、牛乳を混ぜ、レモン汁、溶かしたゼラチン、5分立てにした生クリームを混ぜる。

02 半量はそのままプレーンの生地に、残りの半量にはブルーベリージャムを加えてざっと混ぜる。

03 トレーにのせたシリコン製の型に生地を流し入れ、トレーごとトントンと落として空気を抜き、冷凍庫で完全に凍らせる。

04 固まったらシリコン製の型の底を押し上げるようにして取り出し、密閉容器などに入れて冷蔵庫でひと晩または半日かけて解凍。

ひと粒だけでも仕上がりが映える大粒のアラザン。

05 ケーキが解凍したら大粒のアラザンを中央にのせてでき上がり。

01 柔らかくしたクリームチーズに砂糖を加え、解凍したいちごピュレを少しずつ加える。好みでレモン汁も加える。

02 溶かしたゼラチンを加え、5分立てにした生クリームを加えて全体をまんべんなく混ぜる。

03 トレーにのせたシリコン製の型に**2**を流し入れ、トレーごとトントンと落として空気を抜き、冷凍庫で完全に凍らせる。

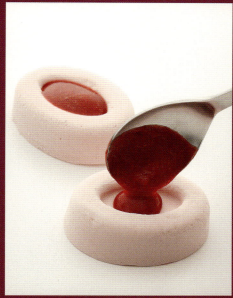

冷凍ピュレは旬のいちごを加工しているので、いつでも新鮮な味と香りが楽しめる

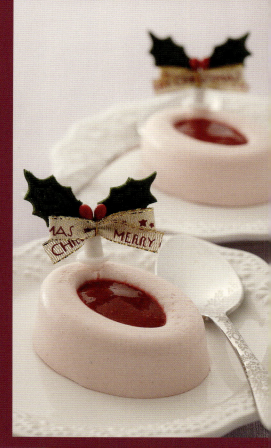

04 12ページと同様に固まったら抜いて半日かけて解凍し、飾り用のいちごピュレを中央に流し入れ、ひいらぎを飾ってでき上がり。

ストロベリーチーズケーキ

中央にいちごのピュレをのせて。クリスマス仕立てです。

材料　長径7cmのシリコン製オーバルサバラン型10個分

<レアチーズケーキ生地>
クリームチーズ…150g
砂糖…40g
いちごのピュレ(冷凍)…75g
レモン汁(お好みで)…少々
粉ゼラチン…5g
水(ゼラチン用)…25g
生クリーム(5分立て)…100g

<デコレーション>
いちごピュレ(冷凍)
…適量
ひいらぎなどの飾り

中央がへこんだオーバルサバラン型は工夫次第で様々なデコレーションが可能に。

初級

DECORATION *Method* ：絞り（星口金）／フルーツ

スクエアショート

定番のショートケーキも
丸形からスクエアにするだけでこんなに新鮮！
生クリームは定番の星口金を使いながら
額縁のように絞ると、
ちょっとおしゃれな仕上がりです。

材料　でき上がり約14×12cm分

<ジェノワーズ>
卵…2個(120g)
砂糖…60g
牛乳…20g
薄力粉…55g
<ポンシュ※>
コアントロー…12g
水…20g
（合わせておく）

<生クリーム>
生クリーム…300g
砂糖…25g
<デコレーション>
いちご(中粒)…2パック
ナパージュ※…適量
金箔…少々

Base

ジェノワーズ

生地の作り方は92～93ページ＜ジェノワーズ＞を参照。
1 コピー用紙で28×16cmの箱状に型を作る。
2 生地を流し入れる。
3 200℃のオーブンで10～11分くらい焼き、天板から台に移し、ラップをかけて冷ます。
4 紙をていねいにはがし、半分にカットする。
★焼き面にコアントローと水を混ぜ合わせて作ったポンシュをはけでしみ込ませる。

コピー用紙の四隅をホチキスでとめ、箱状にして型にする。焼き上がったら充分に冷ましてからカットする。

デコレーション用に大きさと形の揃ったいちごをまるごと12個用意する。サンド用のいちごは半割りしておく。

※ポンシュ…スポンジをしっとりとさせるために使うシロップ。
※ナパージュ…非加熱タイプを使用。フルーツやお菓子のつや出し。市販されている。

HOW TO MAKE

§ 土台を作る

01 砂糖を混ぜ8分立てにした生クリーム80gをポンシュを塗った面にパレットナイフで塗り広げる。

02 生クリームに埋め込むように半割りにしたいちごをすき間なく並べる。

03 さらに生クリーム80gを少しはみ出るくらいしっかり端まで塗り広げる。

04 焼き面にポンシュをしみ込ませたジェノワーズを重ねる。

15

初級　HOW TO MAKE　スクエアショート

05 4の上にもポンシュをしみ込ませ、生クリーム40gを塗り広げる。

06 パレットナイフで表面を平らに整えたら冷凍庫で30分ほど冷やす。

ボリュームが出る太めの8切りの星口金を使用。ノスタルジックな仕上がりに。

07 側面が軽く固まったらコンロの火で温めたナイフで4辺を少しずつカットして形を整える。

§ デコレーションする

08 ケーキのふちから2cmくらい内側からぎゅっと絞り出してからスッと手前に引くと、かわいい丸みのあるボリューミーな仕上がりに。

09 額縁のように生クリームを絞ったら大きさの揃った丸ごとのいちごを、ヘタ側を下にしてすき間なく並べる。

10 先を細く切った絞り袋に入れたナパージュを、いちごの上に1滴ずつ絞る。

11 いちごのトップに、ところどころ金箔をふんわりとのせる。

整然といちごの並んだ上面はもちろん、側面の美しさもデコレーションの決め手に！

Variation

【同じ口金を使って絞り方をチェンジ】

フルーツスクエアショート

サントノーレ口金を大胆に動かして
より豪華な仕上がりに！

材料
★土台の材料、作り方は15～16ページを参照
＜デコレーション＞
フルーツ（いちご、グロゼイユ、ラズベリー、ブルーベリー）
…各適量
溶けない粉糖…適量

01 15～16ページを参照して土台を作る。サントノーレ口金で中央に大きく蛇行させて生クリームを絞る。

02 生クリームのボリューム感をいかしてフルーツを飾る。溶けない粉糖をふったラズベリーがポイント。

カットケーキ

スリムなカットには絞った生クリームを主役にして

材料
★土台の材料、作り方は15～16ページを参照
＜デコレーション＞
ラズベリー…適量
ラズベリーフレーク（フリーズドライ）…少々

01 15～16ページ参照して土台を作る。コンロの火であぶって温めたナイフで3cm幅にカットする。

02 サントノーレ口金の切り口を正面に向ける。波状に生クリームをしぼり、ラズベリー、ラズベリーフレークを飾る。

17

中級

DECORATION *Method* ：絞り（星口金）／2カラー／フルーツ

ラズベリーと白ワインのムース

ピンクと白の2層になった土台作りからデコレーションが始まります。
小さなケーキに絞るときはクリームは少量でも存在感が出る10切りの口金を。

材料 直径5.5cmセルクル型4個分

<ビスキュイ>
卵…1個
砂糖…30g
薄力粉…30g
<ラズベリームース>
ラズベリーピュレ…70g
粉ゼラチン…3g
水（ゼラチン用）…15g
砂糖…20g
生クリーム（8分立て）…40g
<白ワインババロア>
卵黄…1個分
砂糖…20g
白ワイン…60g
粉ゼラチン…3g
水（ゼラチン用）…15g
生クリーム（8分立て）…60g
ラズベリー（冷凍）…30g
<デコレーション>
生クリーム…40g
フリーズドライ
ストロベリーパウダー…2g
砂糖…3g
水…少々
フリーズドライ
ストロベリーフレーク…適量
ラズベリー、いちご…各適量

フリーズドライのストロベリーパウダー。生クリームに混ぜればピンクのいちご味クリームに。

いちごは小粒のものを半割り、または4つ割りにする。

Base

ビスキュイ
生地の作り方は92～93ページ＜ビスキュイ＞を参照。
1 オーブンシートに生地を22×26cmくらいにパレットナイフでのばし、190℃のオーブンで8～9分焼く。
2 冷めた生地をセルクルで8個抜き、焼き面を上にして4枚をバットに並べたセルクル型の底に敷く。

白ワインババロア
1 卵黄、砂糖をよく混ぜておく。
2 小鍋で白ワインを沸かし、半量を1に加えて溶きのばしてから小鍋に戻し、耐熱のゴムベラで混ぜながらごく弱火で加熱する。
3 少しとろみがつき始めたら火を止め、水でふやかしたゼラチンを加えて溶かす。
4 ボウルごと氷水にあてて混ぜながら冷ます。とろみがついたら生クリームを合わせ、全体をまんべんなく合わせる。

ラズベリームース
1 ボウルにラズベリーピュレ、砂糖を混ぜ合わせ、水でふやかして電子レンジで加熱したゼラチンを加える。
2 ボウルごと氷水にあててまぜながら冷やす。
3 とろみがついたら生クリームを加え、全体をまんべんなく混ぜる。

ビスキュイを敷いたセルクル型の半分までラズベリームースを流し入れたら、表面を平らにならす。

HOW TO MAKE

§ 土台を作る

01 ラズベリームースにビスキュイをのせてから白ワインババロアを入れ、スプーンで型のふちまでなすりつける。

02 白ワインババロアの中央をくぼませてから冷凍ラズベリーをほぐしてのせる。

Method ラズベリーは中央にまとめて

03 残りの白ワインババロアを流し入れ、パレットナイフで平らにすりきり、冷蔵庫で充分冷やし固める。

中級　HOW TO MAKE　ラズベリーと白ワインのムース

§ デコレーションする

04 ストロベリーパウダーに砂糖、水を加えてペースト状にする。

05 4にとろとろの生クリーム（6分立てくらい）を加え、ざっと混ぜる。

06 いちごで固くなるので生クリームは混ぜすぎないように。

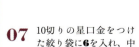

Method
コンパクトに円を描いて立体的な仕上がりに。

07 10切りの星口金をつけた絞り袋に**6**を入れ、中央に丸く絞り出す。

08 いちごとラズベリーをクリームに立てかけるようにして飾る。

09 クリームの上にストロベリーフレークを少量のせて飾る。

甘酸っぱくサクサクの食感が楽しいストロベリーフレーク。

きれいな2層になるようラズベリームースを平らに流し入れるのが最大のポイント。

Variation 【ケーキの形をチェンジ】

ラズベリーと白ワインの ムースのアントルメ

三角形のホールケーキが新鮮！
同じ材料、作り方でも表情が一変します。

材料　1辺13cmの三角セルクル型1台分

★土台の材料、作り方は
18ページを参照
＜デコレーション＞
いちご、ラズベリー…適量
冷凍グロゼイユ…適量
ナパージュ…適量
セルフィーユ…適量

＜土台の作り方＞
1 ビスキュイを型の大きさに2枚抜き1枚を型の底に敷く。
2 19ページ同様にラズベリームース、ビスキュイ、白ワインババロア、冷凍ラズベリー、白ワインババロアと同様に重ね、表面を平らにならす。

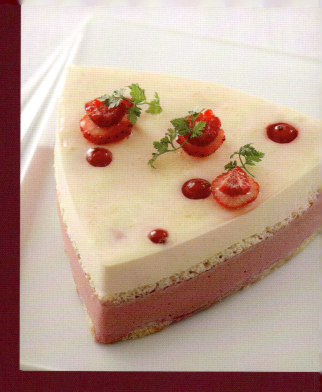

03 表面にグロゼイユをランダムにのせ、軽く押し込んでから冷蔵庫で冷やし固める。

04 表面にパレットナイフでナパージュを薄くのばし、型から抜く。

05 スライスしたいちごの切り口にナパージュを塗っておき、みずみずしさをキープする。

Method
ハーブでフレッシュなイメージに

06 いちごの上にラズベリー、セルフィーユをのせてデコレーションする。

21

■ 上級

DECORATION *Method* ：絞り（丸口金）／フルーツ

パッションフルーツとアプリコットのシャルロット

「シャルロット」とはロシア風帽子の意味。
丸口金を使って絞り出したコロコロと可愛く並んだ生地がポイントです。

材料 直径15cm丸型セルクル1台分

<ビスキュイ>
卵…2個
砂糖…60g
薄力粉…60g
粉糖…適量
<杏仁ババロア>
卵黄…1個分
砂糖…25g
杏仁霜…14g
牛乳…70g
粉ゼラチン…3g
水（ゼラチン用）…15g
生クリーム（8分立て）
…60g

アプリコット（缶詰）
…半割4個
<パッションムース>
パッションフルーツピュレ
…80g
砂糖…20g
粉ゼラチン…4g
水（ゼラチン用）…20g
コアントロー…5g
生クリーム（8分立て）…60g
<デコレーション>
アプリコット、ラズベリー、
セルフィーユ…各適量

Base

ビスキュイ
生地の作り方は92〜93ページ<ビスキュイ>を参照。
★紙に15cmの円を2個（ふた・底用）、11×24cmの長方形（側面用）をマーキングしておく

杏仁ババロア
1 卵黄、砂糖をよくすり混ぜ、杏仁霜も混ぜる。
2 小鍋で牛乳を沸かし、1に半量を加えて溶きのばしたら小鍋に戻し、耐熱のゴムベラで混ぜながらごく弱火で加熱する。
3 とろみがついたら火を止め、水でふやかしたゼラチンを加えて溶かす。
4 ボウルにあけて、ボウルごと氷水に当てて混ぜながら冷やし、とろみがついたら8分立てにした生クリームを合わせて全体をまんべんなく混ぜる。

パッションムース
1 ボウルにパッションフルーツピュレ、砂糖を混ぜ合わせ、水でふやかして電子レンジで加熱したゼラチン、コアントローを加える。
2 ボウルごと氷水にあてて混ぜながら冷やす。
3 とろみがついたら8分立てにした生クリームを合わせ、全体をまんべんなく混ぜる。

アプリコットは半分に切りキッチンペーパーに並べて水気をきっておく。ラズベリーも半分に切り、用意する。

杏仁ババロアにゼラチンを入れるのは写真のようなカスタードクリーム状のとろみがついたタイミングで。

HOW TO MAKE

§ ビスキュイを焼く

Method 中心に向かうほど小さく絞る

01 ふた用として円形のマーキングの外周から花びらのように絞って3周する。

02 側面用として長方形のマーキングを帯状に絞る。ふくらむので少しすき間をあけるのがコツ。

03 底用として円形のマーキングよりひとまわり小さく円盤状に絞る。

04 1、2の生地には茶こしを使って粉糖を振り、3枚とも180℃のオーブンで12〜13分焼く。

上級　HOW TO MAKE　パッションフルーツとアプリコットのシャルロット

§ ケーキを組み立てる

05 側面用の生地は5×23cmの帯が2枚できるようにカットする。

06 セルクル型に5を表側を外に向けてセットする。2枚の生地同士をぴったりと合わせるのがコツ。

07 セルクル型をバットにのせ、底用の生地を直径13cmにカットし、焼き面を上にして敷く。

08 7に杏仁ババロアを型の半分まで流し入れ、表面を平らに整える。

09 アプリコットを5mm厚にスライスし、8の表面いっぱいに並べ、表面が固まるまで冷蔵庫に入れる。

10 パッションムースはふた用に大さじ1ほど残しておき、型のふちまで流し入れ、冷蔵庫で充分に冷やし固める。

11 ムースが固まったら型から抜く。

12 表面に残りのパッションムースを塗る。このときフルーツがのる中央はあけておく。

13 12にふた用のビスキュイをのせ、軽く押してムースと密着させる。

24

Method
コンパクトに寄せて飾る

帽子に見立てて幅広のリボンを巻いても素敵

14 ビスキュイの中央にアプリコット、ラズベリー、セルフィーユなどを飾る。

カットしたら冷凍ラズベリーピュレを溶かし、ソースとして添えると、さらにランクアップ！

上級

Variation

【生地の絞り方、デザインをチェンジ】

アプリコットと ビスキュイのケーキ

ふたをはずしただけでなく、
側面の生地の絞り方を変えると
こんなにイメージが変わります。

材料
★土台の材料、作り方は24〜25ページを参照
〈デコレーション〉
アプリコット（缶詰）…半割6個
ラズベリー、ピスタチオ…各適量
ナパージュ…適量

作り方は同じでもシャルロットのふたがないだけでこんなに印象がチェンジ。

断面からアプリコットがきれいに見えるよう、平らに並べるのがコツ。

アプリコット3個は角切り、残りは5mm厚にスライスし、キッチンペーパーなどに並べて水気をきっておく。

ラズベリー、ピスタチオはそれぞれ半分にカットする。

01 ビスキュイは側面用に10×24cmの斜めラインの帯状、底用は直径13cm、中用に直径11cmの円盤状に絞って焼く。

02 側面用ビスキュイは4×23cmの帯を2本カットし、少し押し込みながらセルクル型をセットする。

Method 型より1cm低くセット

03 24ページの**8〜9**を参照して杏仁ババロアを流したら角切りのアプリコット3個分を並べ、中用ビスキュイをのせる。

04 生地のふちから杏仁ババロアが盛り上がってくるよう、軽く中用ビスキュイを押し込む。

05 パッションフルーツムースはボウルごと冷やしながら混ぜ、充分にとろみをつける。

06 ビスキュイとセルクルの間にムースが流れこまないように4を流し入れ、表面を平らに整える。

07 スライスしたアプリコット3個分を軽く押し込むようにして並べ、冷蔵庫で充分に冷やし固める。

08 パレットナイフで表面に薄くナパージュを塗り、ツヤをつける。

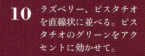

09 蒸しタオルなどで型を温めてから抜く。

10 ラズベリー、ピスタチオを直線状に並べる。ピスタチオのグリーンをアクセントに効かせて。

| 中級 |

DECORATION *Method* ：コルヌ絞り※／金箔（飾り）

| 中級 |
チョコレートとチェリーのケーキ

細い絞り袋から絞り出したランダムなラインがシック。
ココアを振りかけたマットな仕上がりも上品です。

材料 でき上がり約11×18cm分

<ジェノワーズショコラ>
卵…2個(120g)
砂糖…60g
牛乳…20g
薄力粉…40g
アーモンドパウダー…15g
ココアパウダー…15g
<ガナッシュクリーム>
スイートチョコレート
（カカオ分65%くらい）…60g
生クリーム…60g
生クリーム（7分立て）…100g

<ポンシュ>
瓶詰めチェリーのシロップ
…50g
キルシュ…20g
（合わせておく）
<デコレーション>
グリオットチェリー（瓶詰め）※
…100g
金箔…適量
ココアパウダー…少々

Base

ジェノワーズショコラ
生地の作り方は92ページ<ジェノワーズ>を参照。
★ここでは薄力粉と一緒にアーモンドパウダー、ココアパウダーも一緒にふるい入れて混ぜる。
1 コピー用紙で18×22cmの箱状の型を作る。
2 1に生地を平らに流し入れ、200℃のオーブンで10～11分ほど焼く。
3 2を天板から台に移したらラップをかけて充分に冷まし、長辺を半分にカットする。

ガナッシュ
1 刻んだスイートチョコレートと生クリーム60gを混ぜて電子レンジで加熱する。
2 クリームがぷくっと沸騰し始めたら取り出し、よく混ぜてなめらかにして冷ましておく。

焼き上がったジェノワーズは充分冷めてから紙をはがし、カットすること。

チェリーはキッチンペーパーなどに並べてしっかり水気を切っておく。シロップはポンシュに使う。

※コルネ絞り…ビニール製の絞り袋の先端を細く切るなどして細い線を描くテクニック。
※ダークスイートチェリー（缶詰）でもよい

HOW TO MAKE

§ 土台を作る

01 ガナッシュと7分立ての生クリームを混ぜ合わせる。混ぜすぎるとざらつくので注意。

02 ジェノワーズショコラの表面に2枚ともはけでポンシュをしみ込ませ、1枚に1を80g塗り広げる。

03 キッチンペーパーにのせて水気をきったチェリーを並べて半分くらい埋め込むようにする。

Method チェリーは規則正しく並べて

中級　HOW TO MAKE　チョコレートとチェリーのケーキ

04 さらに1を80g、3の上に塗り広げる。

05 サイドにはみ出たクリームをパレットナイフで垂直にならし、長方体にする。

06 5にもう1枚のジェノワーズショコラを裏返しにのせ、はけで表面にポンシュをしみ込ませる。

07 1をデコレーション用に大さじ山盛り1ほど残して、6の上に塗る。

§ デコレーションする

08 パレットナイフで7の表面とサイドを平らに整える。

Method 絞り袋は素早く動かす

09 残しておいた1をビニールの絞り袋に入れて先端を少しだけ切り、大きく動かしながらランダムに斜め線を引く。

10 茶こしを使って少し上から全体にココアパウダーをまんべんなく振りかける。

11 10を冷凍庫で30分くらい冷やし、温めたナイフで4辺を薄くカットして形を整える。

12 ひとつカットするたびにナイフをペーパーなどでふき、再び温めながら2.5cm幅にカットする。

チェリー、金箔をのせて飾ってでき上がり。ほのかに苦みのある大人の味わいとシックなデコレーションがマッチ。

Variation 【口金をチェンジ】

チェリーと
チョコレートクリームのケーキ

シンプルな丸口金も小さく一列に並べると
キュートなイメージに変身します。

材料
★土台の作り方は29〜30ページを参照
<絞り用ガナッシュクリーム>
スイートチョコレート（カカオ分65%くらい）
…30g
生クリーム…30g
生クリーム（7分立て）…50g
★29〜30ページの1〜8までと同様の作り方
で土台を作り、12と同様に2.5cm幅にカットし
ておく。

直径7mmの絞り袋は丸口金を使
用。絞り袋を垂直に立てるとき
れいに絞れる。

Method
絞り袋は
垂直に

01 絞り用ガナッシュクリーム
をつくる。絞り袋を垂
直に立ててガナッシュク
リームを絞り出し、スッ
と上に引いてしずく型に
する。

02 ケーキの片端にはチェリ
ーをのせるスペースをあ
けておく。

03 茶こしを使って少し上か
ら表面に薄くココアパウ
ダーをふる。

04 チェリーをのせ、金箔を
飾ってでき上がり。

Chapter 2 | フルーツで彩りよくフレッシュに

シンプルなケーキにたっぷりとのせるだけで、季節感や華やかさをプラスしてくれるフルーツ。同じ種類のフルーツを使っても、組み合わせるフルーツの種類やカットの仕方を変えるだけで表情が変わります。フルーツを使ったデコレーションならではのフレッシュ感が失われないよう、ナパージュを使うなどの工夫も欠かせません。色合いとボリューム感もポイントです。

With fruits

THE POINT OF FRUITS DECORATION

側面にもフルーツを
フルーツの断面をデコレーションに活かすため、ケーキの側面にもフルーツをプラス。ちょっとキュートな仕上がりです。

立体感をつける
フルーツを飾るときはカットしたフルーツを立てるようにして飾り、立体感をつけるといっそう華やかになります。

フルーツにもカラーコーディネート
複数のフルーツを使うなら色の組み合わせがポイント。差し色に濃い色を使ったりハーブで新鮮さを出したり…など、ファッション感覚で楽しんで。

1 赤いフルーツのバリエーション。**2** ブルーベリーにピスタチオのシックな組み合わせ。**3** グリーンで統一。**4** いちごオンリーのときはハーブでポイントを。

ワンポイントアクセント
ダークなベリーひと粒があったり赤いベリーに溶けない粉糖がかけてあったりと、ワンポイントがあるとデコレーションがきりりと引き締まります。

ラズベリーには溶けない粉糖をふりかけて。赤と白のコントラストがきれい。

カットの仕方で表情も変わる！
フルーツデコレーションの王道、いちごもカットの仕方を変えるだけでこんなに個性的に！さまざまなカット法を試して。

薄くスライスにしたりV字カットにしたりと自由に楽しんで。

ツヤをつけてもっとフレッシュに
フルーツの表面にナパージュを塗るとつややかできれいなだけでなく、乾燥防止にもなる。

ナパージュはそのまま塗れる非加熱タイプを。

初級

DECORATION *Method* : フルーツ／コーム（模様）

キウイとココナツレモンのムース

フルーツを活かすため表面はコームでつけた模様のみに。
ココナツの白にフルーツのグリーンが映えて爽やかなイメージです。

材料　直径15cm丸型セルクル1台分

<ビスキュイ>
卵…1個
砂糖…30g
薄力粉…30g
<ムースココ>
ココナツミルクパウダー
…70g
砂糖…65g
牛乳…150g
粉ゼラチン…10g
水（ゼラチン用）…50g
レモン汁…½個分
レモンの皮のすりおろし
…½個分
生クリーム（8分立て）…150g
<デコレーション>
生クリーム…50g
キウイ…2〜3個
マスカット…適量
ブルーベリー…適量
ピスタチオ…適量
セルフィーユ…適量

Base

ビスキュイ

生地の作り方は92〜93ページ＜ビスキュイ＞を参照。
1 1cm丸口金をつけた絞り袋に生地を入れ、直径15cmの円盤状に絞り、180℃のオーブンで10〜12分くらい焼く。
2 周囲をカットしてセルクル型よりひとまわり小さくしたら、ラップで底を作り輪ゴムでとめた型の底に敷く。

ムースココ

1 ボウルでふるったココナツミルクパウダーと砂糖をよく混ぜ、少しずつ牛乳を加える。
2 水でふやかし、電子レンジで加熱して溶かしたゼラチン、レモン汁、すりおろしたレモンの皮を加え、ボウルごと氷水にあてながら混ぜてとろみをつける。
3 しっかりと泡立てた生クリームと**2**を合わせ、全体をよく混ぜる。

とろみをつけてから生クリームを混ぜ合わせて、ムースココのでき上がり。

Method　フルーツの色を統一して

フルーツはグリーンで統一し、差し色にブルーベリーを効かせる。

HOW TO MAKE

§ 土台を作る

01 底にビスキュイを敷いた型の側面に薄くスライスしたキウイを貼付けるようにしながら並べる。

02 **1**にムースココを半量くらい流し入れ、スプーンで側面になすりつけるようにしておく。

Method　側面に気泡が入らないよう仕上げる

03 中央を平らに整えたら半分にカットしてスライスしたキウイを並べる。

04 残りのムースココを流し入れ、表面を平らにならし冷蔵庫で冷やし固める。

初級　HOW TO MAKE　キウイとココナツレモンのムース

§ デコレーションする

05 デコレーション用の生クリームを8分立てにし、パレットナイフで平らにする。

Method 少し寝かせたコームで表面をなでるようにする
06 デコレーションコームを使い表面にゆるやかなカーブを重ねて模様をつける。

07 セルクル型を抜いたらフルーツを飾る。キウイは薄切りにしてから切り込みを入れてからひねり、立てて飾る。

Method フルーツは大きなものから飾る
08 フルーツは大きなものからバランスを見ながら飾るとよい。

09 ブルーベリーはランダムに散らすように飾るとかわいい。

10 最後にセルフィーユ、ピスタチオを飾ってできあがり。

カットしたとき断面にキウイが見えてさらにフレッシュなイメージ。

真っ白なケーキとグリーンのフルーツのコントラストがきれい。

Variation 【型と絞りをチェンジ】

バナナムースココ

フルーツをバナナに変えると優しい雰囲気に。
イメージに合わせてセルクルも小さい型に

材料　長径8cmのセルクル型
★土台のムースココの材料、作り方は35ページと同様。
★ビスキュイは底に敷いておく。
<デコレーション>
バナナ…1本
ナパージュ…適量
生クリーム…100g
砂糖…8g
溶けない粉糖…適量

7mmの丸口金を使用。

デコレーション用のバナナは5mm厚にスライスし、表面にナパージュを塗って変色を防ぐ。

01 ビスキュイを入れた型に1.5cm厚に切ったバナナを3個入れ、ムースココを流し入れ冷やし固める。

02 型から抜き、丸口金をつけた絞り袋に砂糖を加え、8分立てにした生クリームを入れ、小さならせんを描くように絞り出す。

03 表面に溶けない粉糖をまんべんなくうっすらとふりかけマットな質感に。

04 ナパージュを塗ったバナナのスライスを飾る。

| 上級

DECORATION *Method* : フルーツ／ナパージュ

赤いフルーツのタルト

さまざまな種類の赤いフルーツは華やかさをアップさせるため立体的に飾り付けます。
タルトに塗ったラズベリーのナパージュもポイント！

材料　直径12〜14cmタルト型1台分

＜パートシュクレ＞
- 無塩バター…35g
- 粉糖…25g
- 卵黄…1個分
- バニラエッセンス…少々
- 薄力粉…60g

＜クレーム・ダマンド＞
- 無塩バター…20g
- 砂糖…20g
- 卵…20g
- アーモンドパウダー…20g
- ラム酒…少々

＜カスタードクリーム＞
- 牛乳…125g
- 卵黄…1個分
- 砂糖…30g
- 薄力粉…8g
- バニラエッセンス…適量
- 生クリーム（9分立て）…30g

＜デコレーション＞
- いちご、ラズベリー、りんご、グロゼイユ、いちじく、ブラックベリー…各適量
- 溶けない粉糖…少々

＜赤いナパージュ＞
- ラズベリージャム（うらごしタイプ）…30g
- ナパージュ…30g

Base

パートシュクレ
1 無塩バターを練れる程度に柔らかくしたら泡立て器で混ぜ、粉糖を加えてすり混ぜる。
2 1に卵黄、バニラエッセンスを加えて混ぜ、混ざった段階で泡立て器をはずす。
3 薄力粉をふるい入れ、ゴムベラで混ぜる。
4 粉っぽさがなくなり生地がまとまったらゴムベラで押し付けるようにしてひとつにまとめる。
5 4をビニール袋に入れて平らにし、冷蔵庫で1時間以上休ませる。
6 打ち粉をしながらめん棒でのばし、タルト型に敷き込む。

クレーム・ダマンド
バターをクリーム状にし、砂糖、卵、アーモンドパウダー、ラム酒の順で混ぜていく。

カスタードクリーム
92〜93ページ＜カスタードクリーム＞の作り方を参照。

Method 同系色でまとめて

種類や大きさもさまざまなフルーツは、それぞれの特徴をいかしてカットしておく。

タルト型の底にぴったり沿わせながらパートシュクレを敷きこみ、はみ出た部分をナイフで切り落とす。底にまんべんなくフォークを差して穴をあけておく。

HOW TO MAKE
§ タルトを作る

01 パートシュクレにクレーム・ダマンドを平らにのばし、180℃のオーブンで25〜30分ほど焼く。

Method タルトのふちを赤いナパージュで隠す

02 ラズベリージャムとナパージュを合わせた赤いナパージュを、冷めたタルトの淵に2cm幅くらいで塗る。

03 カスタードクリームが冷めたらバニラエッセンス、9分立てにした生クリームを合わせる。

39

上級　HOW TO MAKE　赤いフルーツのタルト

§ デコレーションする

04 赤いナパージュにかからないように**3**のうち30gのカスタードクリームを塗り広げる。

05 フルーツをカットする。ポイントになるいちごはさまざまな切り方で用意。

Method V字カットのいちごがポイントに

06 半切りやスライス、V字カットなど切り方を変えたいちご。

07 いちじくをのせ、皮付きのまま薄くスライスしたりんごを扇状にして立体感を出してのせる。

08 スライスしたいちごは少し広げてボリュームを出しながら飾る。

09 差し色にブラックベリー（ブルーベリーでもよい）でアクセントをつける。

Method ラズベリーには溶けない粉糖を振る

10 最後に溶けない粉糖を振ったラズベリー、グロゼイユを飾る。

積み上げるように飾ったフルーツが豪華なイメージに。赤いナパージュがみずみずしさをプラス。

カットするときはフルーツをずらしながら。トッピングのベリーはのせなおしてもよい。

Variation

【小さな型にチェンジ】

フルーツタルト

小さなタルト型を使ったときも
フルーツは立体的にデコレーション

材料　長辺10cmくらいのタルト型
★土台は39ページを参照して作り、
型に合わせて焼く。
<デコレーション>
・ブルーベリータルト
　　ブルーベリー…適量
　　生クリーム…80g
　　砂糖…6g
　　ブルーベリージャム（裏ごし）…20g
　　ナパージュ…20g
　　セルフィーユ、ピスタチオ…適量
・フルーツタルト
　　フランボワーズ、グロゼイユ、いちご、
　　巨峰、ブルーベリー他…各適量
　　ナパージュ…適量
　　溶けない粉糖…適量

クレーム・ダマンドは型の大きさに合わせて10〜15gのせて180℃のオーブンで15分ほど焼く。冷めたらカスタードクリームを10gずつくらいのせる。

01 タルトにすき間なくブルーベリーをのせらナパージュを合わせたブルーベリージャムを塗りツヤを出す。ふちだけ溶けない粉糖をふる。

02 8分立てにした生クリームを星口金を使って1の上にらせんに絞り出す。刻んだピスタチオ、セルフィーユを飾る。

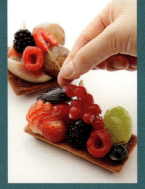

03 フルーツをのせナパージュを塗る。ラズベリーやブルーベリー、グロゼイユはあとからのせる。

04 タルトのふちに粉糖を振りかけておく。

■ 初級

DECORATION *Method* ：フルーツ/ナパージュ

いちごのボックスタルト

正方形の型ならいちごを並べるだけで簡単＆素敵なデコレーションに。
ラズベリーとハーブでリズム感をプラスし、赤いナパージュでつややかに仕上げました。

材料 直径15cmセルクル型1台分

<パートシュクレ>
無塩バター…70g
粉糖…50g
卵黄…2個分
バニラエッセンス…少々
薄力粉…120g
<クレーム・ダマンド>
無塩バター…40g
砂糖…40g
卵…40g
アーモンドパウダー…40g
ラム酒…少々
<カスタードクリーム>
牛乳…125g
卵黄…1個分
砂糖…30g
薄力粉…8g
バニラエッセンス…少々
生クリーム(9分立て)…30g
<デコレーション>
いちご…25個
ラズベリー…適量
溶けない粉糖…少々
セルフィーユ…適量
<赤いナパージュ>
ラズベリージャム
(うらごしタイプ)…30g
ナパージュ…30g
(合わせておく)

Base

パートシュクレ
1 39ページ「Base」を参照して生地を作り、オーブンシートを敷いた型に敷き込む。
2 型の角にぴったり沿わせて生地を敷き、冷蔵庫で30分程休ませる。生地が締まったら2cmの高さでナイフでカットし、底にフォークでまんべんなく穴を空けておく。

クレーム・ダマンド
1 39ページ「Base」を参照して生地を作り、パートシュクレに流し入れ、180℃のオーブンで30〜35分ほど焼く。

カスタードクリーム
1 39ページ「Base」、作り方**3**を参照して作り、そのうち45gをタルトにのせ、ふちにかからない程度に広げておく。

Method いちごは大きさを揃えて

いちごはできるだけ大きさの揃ったものを用意。アクセントになるラズベリー、セルフィーユはお好みの量で。

タルトを焼いたあとは、充分に冷ましておく。

パートシュクレを型に敷くときは指先で角を押さえるようにしながらぴったりと角に沿わせる。

HOW TO MAKE
§ デコレーションする

01 カスタードクリームを塗ったタルトにいちごを端から順にすき間なく整然と並べていく。

Method ナパージュははけでていねいに塗る

02 いちごの表面に赤いナパージュを塗り、ツヤをつける。アクセントにラズベリーも飾る。

03 タルトのふちに粉糖をふりかける。このときいちごにかからないよう注意。最後にセルフィーユをあしらう。

43

初級　HOW TO MAKE　ボックスタルト

カットしたピースごとにセルフィーユを添えるとよりきれいな仕上がりに。

タルトはお持たせにもぴったり。

Variation 【小さな型にチェンジ】

ボックスタルト・プチ

一種類のフルーツをきれいに並べた小さなタルトにアレンジ。

材料　10×5cmのタルト型

★パートシュクレは43ページ同様に作り、クレームダマンドを20gずつ流して180℃で20分ほど焼く。カスタードクリームを10gぐらいずつのせる。

<デコレーション>
マスカット…8粒
ミント…適量
ナパージュ…適量
ラズベリー…8粒

マスカットは皮をむいておく。

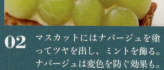

01 ボックスタルトと同様に焼いたプチタルトにカスタードクリームをのせ、フルーツを飾る。

02 マスカットにはナパージュを塗ってツヤを出し、ミントを飾る。ナパージュは変色を防ぐ効果も。

03 フルーツにあまりかからないようにしてタルトのふちに粉糖を振りかける。

| プレートアレンジ 1 |

メインになるケーキの色を揃えて
華やかに印象深く

プレートデザートを作るコツは白い皿に絵を描くような気分でケーキの色や形、食感を選ぶこと。"赤"をテーマにケーキとグラスデザートを選び、締め色のタルトをそえた華やかなアレンジです。

赤を効かせたケーキやデザートを引き立てるようラズベリーやストロベリーフレークをプレートに散らしてアクセントに。さらにブルーベリーの紫で全体をきりりと引き締め、大人っぽいプレートが完成。

グラスデザートを
ワンポイントに。

華やかなナパージュデコレーションを主役に。

皿の上にはイチゴフレークやラズベリーなど"赤"のアクセントを散らして。

締め色にブルーベリーを効かせて。

Chapter 3 ナパージュ、グラサージュでつややかゴージャスに

ケーキの表面にナパージュを塗ってみずみずしいツヤを出したデコレーションはワンランク上のゴージャスな仕上がりです。表面を平らに整えることと、パレットナイフの使い方がきれいの決め手。慎重かつ大胆にパレットナイフを動かしましょう。パティシエ級のテクニックが要求されるグラサージュショコラも、ぜひ挑戦してみて。

THE POINT OF NAPPAGE AND GLAÇAGE DECORATION

グラサージュショコラ
ゼラチンを加えたグラサージュを一気に回しかけてかためたゴージャスなデコレーション。手際のよさが決め手です。

ナパージュ（非加熱タイプ）
ナパージュは加熱・加水不要のそのまま塗れるタイプのものを。裏ごししたジャムを加えるとさらにきれい。

模様をつける テクニック
色をつけたナパージュをポイント的に塗ったりココアパウダーなどをナパージュで塗り広げて模様をつけるとアクセントに。

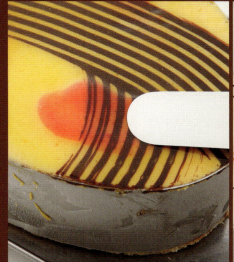

上級

DECORATION *Method* : ナパージュ／チョコ模様

マンゴーとココナツのケーキ

チョコの大胆な模様に黄色と赤のナパージュ、ココナッツの白と
ビビッドな色使いにアクセントの金箔をあしらい、大人っぽい雰囲気にまとめます。

材料 長径17cm、高さ4.5cmのオーバル型セルクル1台分

<ビスキュイ>
卵…1個
砂糖…30g
薄力粉…30g
<ポンシュ>
コアントロー…10g
水…25g
<マンゴームース>
マンゴーピュレ…140g
砂糖…35g
レモン汁…10g
粉ゼラチン…5g
水(ゼラチン用)…25g
生クリーム(8分立て)…85g
<ココナツムース>
ココナツミルクパウダー
…30g
砂糖…25g

牛乳…60g
粉ゼラチン…5g
水(ゼラチン用)…25g
生クリーム(8分立て)…90g
バニラエッセンス…適量
パイナップル(缶詰)
…2切れ(約70g)
<デコレーション>
模様用チョコレート…20g
・黄色のナパージュ
　マンゴーピュレ…6g
　ナパージュ…30g
・赤いナパージュ
　ラズベリージャム
　(裏ごしタイプ)…5g
　ナパージュ…5g
グロゼイユ(冷凍)…適量
金箔スプレー…適量

Base

ビスキュイ
生地の作り方は92～93ページ<ビスキュイ>を参照
1 コピー用紙に型より少し小さめな楕円形を2つ描いておく。
2 8mm丸口金をつけた絞り袋にビスキュイ生地を入れ、1で描いた楕円より少し大きめにぐるぐると生地を2枚絞る。
3 190℃のオーブンで8～10分焼き、冷めたら紙をはがし、型と同じ大きさにナイフで切り抜く。

マンゴームース
1 マンゴーピュレ、砂糖、レモン汁を混ぜ合わせてから、水でふやかして電子レンジで加熱した粉ゼラチンを混ぜながら加える。
2 1のボウルを氷水に当ててうっすらとろみがつくまで混ぜ合わせる。
3 2に8分立てにした生クリームを加え、泡立て器で均一に混ぜ合わせる。

ココナツムース
1 ふるったココナツミルクパウダーと砂糖をよく混ぜ、牛乳を少しずつ加えて溶きのばす。
2 水でふやかして電子レンジで加熱したゼラチン、バニラエッセンスを加える。
3 2をボウルごと氷水に当てて混ぜ合わせてとろみがついたら、8分立てにした生クリームに加えて均一に混ぜる。

缶詰のパイナップルは小口切りにしてキッチンペーパーにはさみ、水分をしっかり取っておく。

耐震用のゴムマットをコームがわりに使うと太めのしっかりと存在感のある模様が描ける。

HOW TO MAKE

§ チョコ模様を作る

01 模様用チョコレートを湯せんで溶かす。

02 まな板にはりつけた透明のセロファンの上に1を適量置く。

03 2にゴムマットを押しつけてから、一気に動かしてゆるいカーブを作る。

Method
ゴムマットは押しつけるように動かす

上級　HOW TO MAKE　マンゴーとココナツのケーキ

04 3から離れたところにチョコレートを置き、同様にゴムマットで角度や長さを変えてカーブを描く。

05 チョコで模様を描いたセロファンをそっと持ち上げ、バットの上に移す。

Method
模様がにじまないようしっかり固めて

06 チョコ模様の上にそっとセルクル型をのせる。冷凍庫でチョコレートを固める。

07 6の上にマンゴームースを流し入れ平らにする。一度軽く冷やし固める。

§ デコレーションする

08 焼き面にポンシュをしみ込ませたビスキュイを裏返して7にのせ、ポンシュを塗り半量のココナツムースを流し、スプーンで平らに広げる。

09 8のココナツムースにパイナップルをまんべんなく散らし、押し込む。残りのココナツムースを平らに流す。

10 ビスキュイの表面にポンシュをしみ込ませ、裏返して9の上にのせて冷凍庫で完全に冷凍する。

11 固まったら10の上にバットをのせ、バットごと裏返す。

12 すぐにセロファンを下から上へ一気にはがす。

13 セロファンをはがしたら、はみ出た生地をナイフでカットする。

§ ナパージュする

14 マンゴーピュレとナパージュを混ぜ合わせ、黄色のナパージュを作る。

15 黄色のナパージュを表面にムラなく塗る。

16 裏ごししたラズベリージャムとナパージュを混ぜた赤いナパージュをところどころに置き、パレットの先で軽くこすって模様にする。

Method
2〜3ヵ所に模様をつける

17 型から抜き、表面の2ヵ所に金箔スプレーを吹きつける。金箔の量は少なめにしたほうが上品な雰囲気に。

18 バランスを見ながらグロゼイユを飾る。

2層になった2つのムースの色みがきれい。パイナップルも入ってトロピカル感満点。

大胆に入ったチョコレートの模様がケーキの印象を締めて大人の雰囲気に。

中級

DECORATION *Method* ：ナパージュ／フルーツ／側面

赤いフルーツとカスタードのケーキ

つやつやのナパージュで作った真っ赤な表面と側面にぎっしりと並べたいちごが印象的。
センスよく盛りつけた赤いフルーツをポイントに。

材料 10×15×高さ5cm長方セルクル型1台分

<ジェノワーズ>
卵…90g（1.5個分）
砂糖…45g
牛乳…15g
薄力粉…40g
<カスタードクリーム>
牛乳…140g
卵黄…2個分
砂糖…40g
薄力粉…10g
粉ゼラチン…3g
水（ゼラチン用）…15g
バニラエッセンス…少々
キルシュ…3～5g
生クリーム（9分立て）…60g
無塩バター…10g
<ポンシュ>
キルシュ…8g
水…15g
（合わせておく）
<赤いナパージュ>
ラズベリージャム
（裏ごしタイプ）…20g
ナパージュ…20g
<デコレーション>
中用いちご（中粒）
…へたを取って約200g
飾り用いちご、
グロゼイユ（冷凍）、
ラズベリー…各適量
金箔スプレー
溶けない粉糖…各少々

セルクル型をバットの上などに置いて作業する。

中用のいちごは10～12個ぐらいを縦半分にカットし、残りは丸ごと使う。

Base

ジェノワーズ
生地の作り方は92～93ページ＜ジェノワーズ＞を参照。
1 コピー用紙で作った18×23cmの箱に生地を平らに流し入れ、200℃のオーブンで10分くらい焼く。
2 ラップかオーブンシートをかぶせて冷ます。

カスタードクリーム
生地の作り方は92～93ページ＜カスタードクリーム＞を参照。
1 カスタードクリームができたらすぐに仕上げ用として20gを取っておく。
2 残りのカスタードクリームが熱いうちに水でふやかしたゼラチンを加え、余熱で溶かし混ぜ、ボウルごと氷水に当ててゆっくりと混ぜながら冷ます。
3 充分に冷めたらバニラエッセンス、キルシュを順に加える。

カスタードクリームが熱いうちにゼラチンを加えて混ぜると余熱で溶ける。

HOW TO MAKE

§ 土台を作る

Method
いちごは
すき間なく並べる

01 ジェノワーズは10×15cmの大きさに2枚カットして型の底に敷いておく。

02 はけで全体にポンシュをしみ込ませ、中用のいちごの切り口を型に貼りつけるようにして一周並べる。

03 冷ましたカスタードクリームに9分立てにした生クリームを加え、ゴムベラで混ぜ合わせる。

53

中級　HOW TO MAKE　赤いフルーツとカスタードのケーキ

§ デコレーションする

04 3を1cmの丸口金をつけた絞り袋に入れ、いちごに押し付けるようにして型のふちから1cm下まで絞る。

05 底にカスタードクリームを絞っておおったら、いちごをぎっしりと並べる。

06 5の上にカスタードクリームを絞り、型のふちから1cmの高さまで入れ、表面を軽くならす。

07 ジェノワーズの焼き面にポンシュをしみ込ませ、裏返して6にのせる。上面にもポンシュをしみ込ませる。

Method パレットを寝かせてムラなく塗る

Method 少しずつずらして扇状に

08 仕上げ用のカスタードクリームに室温で柔らかくしたバターを加えてよく混ぜ、7の表面にパレットで薄く平らに塗り冷蔵庫で冷やし固める。

09 ラズベリージャムとナパージュをよく混ぜ合わせ、8の表面にたっぷりとむらなく塗り広げ、型から抜く。

10 いちごはさまざまな形にカット。薄くスライスし、扇状に広げるとアクセントに。

11 デコレーション用の赤いフルーツを揃える。ラズベリーには軽く粉糖を振っておく。

12 中央から少しずれた位置に大きなものからフルーツを飾り、最後にグロセイユをあしらい、金箔スプレーをひと吹きして豪華さを演出。

カットしたときいちごの断面がきれいに見えるよう、中用いちごはすき間なく並べるのがコツ。

• Variation 【フルーツをチェンジ】

いちごと カスタードのケーキ

たくさんのフルーツを
ランダムに飾るのが難しいなら
こんなシンプルなデザインも素敵

材料
★土台の材料、作り方は
53ページを参照
＜デコレーション＞
いちご…適量
ナパージュ…適量
金箔スプレー…少々

いちごはへたをつけたまま縦半
分にカットする。

01 いちごの断面にナパージュを塗る。こうしておくとつややかに仕上がるだけでなく乾燥防止にも。

02 いちごを交互に並べるように飾ったら、最後に金箔スプレーをひと吹きして仕上げる。

上級

DECORATION *Method* : ナパージュ／コルヌ絞り／フルーツ

洋梨とメープルショコラ

マーブル模様をつけたつややかなナパージュにチョコレートのラインがシックです。
側面につけたアーモンドダイスがちょっぴり素朴なイメージをプラスしてくれます。

材料 直径15cm高さ5cmセルクル型1台分

<ビスキュイショコラ>
卵…2個
砂糖…60g
薄力粉…50g
ココアパウダー…10g
アーモンドダイス…適量
洋梨(缶詰)…1切れ(中用)
<ポンシュ>
ブランデー…10g
水…20g
(合わせておく)
<ミルクチョコレートクリーム>
ミルクチョコレート…50g
生クリーム(7分立て)…65g
<メープルババロア>
卵黄…1個分
牛乳…80g
粉ゼラチン…4g
水(ゼラチン用)…20g
メープルシュガー…30g
生クリーム(8分立て)
…65g

<デコレーション>
洋梨(缶詰)…1切れ
ミルクチョコレート
(湯せんで溶かす)…適量
ココアパウダー…適量
ナパージュ…適量
インスタントコーヒー…適量
ピスタチオ…適量

Base

ビスキュイショコラ
生地の作り方は92〜93ページ<ビスキュイ>を参照。
★薄力粉にココアパウダーを加えて、ふるい入れる。
1 26ページを参照し、コピー用紙に側面用に10×24cmの帯状に横一文字に絞りアーモンドダイスを振る。底用に直径13cmの円盤状に、中用に直径11cmの円盤状に絞る。
2 1を180℃のオーブンで12〜13分焼く。
3 冷めたら紙をはがし、側面用は4×23cmの帯状の2本にカットしてセルクルにセットする。底用は形を整える程度に周囲をカットし、焼き面を上にしてセルクルにセットしてポンシュをしみ込ませる。

ミルクチョコレートクリーム
1 湯せんでミルクチョコレートを溶かし、温かいうちに7分立てにした生クリームを2回に分けて入れる。

メープルババロア
1 卵黄とメープルシュガー半量をよくすり混ぜる。
2 小鍋に牛乳を沸かし、1に半量を加えて溶きのばす。
3 小鍋にすべて戻し、耐熱のゴムベラで混ぜながらごく弱火で加熱する。うっすらととろみがついたら火を止め、すぐにふやかしたゼラチンを加えて溶かす。
4 残りのメープルシュガーを入れたボウルに3をあけ、よく混ぜて溶かす。
5 ボウルごと氷水にあてて混ぜながら冷まし、どろりとしたとろみがついたら8分立てにした生クリームを混ぜる。

飾り用洋梨は5mm厚に切り込みを入れて扇状にし、キッチンペーパーで押えるようにして水気をきって扇状に開いてバーナーで焼き目をつける。

側面用、底用ビスキュイは型にきっちりと敷きこみ、はけを使って内側すべてに軽くポンシュをしみ込ませておく。

HOW TO MAKE

§ 土台を作る

Method 洋梨は軽く押し込んで

01 ビスキュイをセットした型にミルクチョコレートクリームを流し入れ、8mm厚にスライスして水気をきった中用の洋梨を散らす。

02 中用ビスキュイの周囲をカットして形を整え、焼き面にポンシュをしみ込ませて1に裏返してのせ、軽く押し込んだら表面にポンシュをしみ込ませる。

上級　　HOW TO MAKE　　洋梨とメープルショコラ

§ デコレーションする

03 2にメープルババロアを流し入れる。スプーンの背で側面にこすりつけるようにして気泡が入らないようにする。

04 パレットナイフを使って表面を平らに整えたら、冷蔵庫で充分に冷やし固める。

05 溶かしたミルクチョコレートをビニール製の絞り袋に入れ、先端を少し切る。

> Method
> 模様は
> ラフにつけて

06 4の表面にランダムな線、水玉などの模様を描いたら、ナパージュを塗ったときに崩れないように再び冷蔵庫に入れてチョコレートを固める。

07 洋梨にもナパージュを塗っておく。

08 茶こしを使って表面のところどころにココアパウダーを振る。

> Method
> パレットを寝かせ、
> そっと塗り
> 広げるようにカバーする

09 8の表面にナパージュを薄く塗り広げる。

10 インスタントコーヒーを少量の水で溶いたコーヒー液をパレットナイフの先端につけ数カ所に落とし、軽くこすって模様をつける。

11 型から抜き、**7**の洋梨をのせ、刻んだピスタチオを振る。

ココアとコーヒーの濃淡がついたマーブル模様がデコレーションのポイント。最後にピスタチオのグリーンを添えて。

ミルクチョコレートクリーム、メープルババロアそれぞれを平らに流し入れるとカットしたときの断面がきれいな2層に。

59

| 上級

DECORATION *Method* ：ナパージュ／ガナッシュ(模様)／2カラー

| 上級 |
マロンカフェ

栗とコーヒーという同系色のババロアを2層にしたシックなケーキも
同色のナパージュとチョコレートの模様で大人っぽいデコレーション。

材料 10×15×高さ5cm長方セルクル型1台分

<ビスキュイショコラ>
卵…1個
砂糖…30g
薄力粉…24g
ココアパウダー…6g
<アングレーズソース>
牛乳…140g
卵黄…1個分
砂糖…40g
粉ゼラチン…8g
水(ゼラチン用)…40g
<ポンシュ>
ラム酒…15g
水…25g
(合わせておく)
<マロンババロア>
アングレーズソース…100g
マロンペースト…40g
ラム酒…5g
生クリーム(8分立て)…80g
栗の渋皮煮(刻む)…50g

<カフェババロア>
アングレーズソース…100g
インスタントコーヒー…4g
生クリーム(8分立て)…80g
<デコレーション>
ナパージュ…適量
インスタントコーヒー…適量
くるみ…適量
溶けない粉糖、金箔…各適量
<模様用ガナッシュ>
スイートチョコレート
(カカオ分55〜65%くらい)
…20g
生クリーム…15g

Base

ビスキュイショコラ

生地の作り方は92〜93ページ「ビスキュイ」を参照。
★薄力粉にココアを混ぜる。
1 オーブンシートに22×17cmくらいの長方形に生地をのばし、190℃のオーブンで8〜10分焼く。
2 1が冷めたらシートをはがし、10×15cmの大きさに2枚にカットしておく。
3 2枚とも焼き面にポンシュをしみ込ませておく。

アングレーズソース

1 卵黄、砂糖をよくすり混ぜる。
2 小鍋で牛乳を沸かし、1に半量を加えてよく混ぜる。
3 2を小鍋にすべて入れ、耐熱のゴムベラで全体を混ぜながらごく弱火で加熱する。
4 うっすらととろみがついたら火を止め、すぐに水でふやかしたゼラチンを加えて溶かす。

マロンババロア

1 アングレーズソースが温かいうちに100g分とりわけ、ほぐしたマロンペーストに少しずつ加え、滑らかになったらラム酒を加える。
2 ボウルごと氷水に当てて混ぜながら冷ます。
3 とろみがついたら生クリームを合わせ、全体をまんべんなく混ぜておく。

カフェババロア

1 マロンババロアを作った残りのアングレーズソース(100g)にインスタントコーヒーを合わせる。
2 ボウルごと氷水に当てて混ぜながら冷ます。
3 とろみがついたら生クリームを合わせ、全体をまんべんなく混ぜておく。

チョコで模様をつけるときに欠かせないデコレーションコーム。プラスチック製のものが使いやすい。

HOW TO MAKE

§ 模様用ガナッシュを作る

01 ボウルにスイートチョコレートと生クリームを入れ、電子レンジで数秒温めて混ぜ、つやのあるガナッシュにする。少し冷ましてとろみをつける。

02 まな板に貼りつけた透明セロファンの上に1を出し、使用するセルクル型より少し大きめの長方形に広げる。

Method コームはゆっくり大きめに動かす

03 2にコームを少し傾けて当て、ゆるやかなウエーブを描いて模様にする。でき上がったらバットに移し、冷凍庫で冷やし固める。

61

上級　HOW TO MAKE　マロンカフェ

§ 土台を作る

Method
模様が溶けない
うちに手際よく！

04 3の上にセルクルを置き、カフェババロアを一気に流し入れ平らにならし、冷蔵庫で表面を固める。

05 ビスキュイショコラを裏返して4にのせる。さらに表側にもポンシュをしみこませ、マロンババロアの半量を流し入れて栗の渋皮煮を散らす。

06 残りのマロンババロアを流し入れ、表面を平らにする。

07 ビスキュイショコラを裏返して6の上にのせ冷凍庫で固める。

08 完全に固まったら7にバットをかぶせ、両手で押さえてひっくり返す。

Method
模様の方向に
一気にはがす

09 すぐに表面のセロファンを一気にはがす。完全に固まっていないと模様が崩れるので、注意。

10 パレットではみ出した部分をカットし、きれいに整える。

§ デコレーションする

11 ナパージュを全体に塗り広げる。

Method
パレットの先で
こすりつけるように

13 インスタントコーヒーを少量の水で溶いて濃いコーヒー液を作り、パレットナイフで11の上にのせる。

12 パレットナイフでコーヒー液をのばしてランダムに模様をつけ、型からはずす。

13 くるみには溶けない粉糖をふりかけておく。

Method 溶けない粉糖はうっすらふりかける

14 バランスを見ながらくるみを飾る。

Method 金箔は大きめに

15 ケーキの表面に金箔をのせる。やや大きめにとると華やかな仕上がりに。

シックな色とスクエアな形で上品な仕上がり。お持たせにもぴったり。

カットしたときはきれいな2層を楽しんで。一段ずつていねいに、平らに仕込むのがポイント。

63

上級

DECORATION *Method* ：グラサージュ／コルヌ絞り

ムースショコラ・テ

つややかなグラサージュショコラで全体をコーティングしたシンプルかつ高級感のあるデコレーション。
紅茶の香りとラズベリーを合わせた大人のチョコケーキです。

材料　直径12cm丸型セルクル1台分

＜ビスキュイショコラ＞
- 卵…1個
- 砂糖…30g
- 薄力粉…24g
- ココア…6g

＜チョコレートムース＞
- 卵黄…1個分
- 砂糖…15g
- 牛乳…70g
- 粉ゼラチン…3g
- 水（ゼラチン用）…15g
- ミルクチョコレート…40g
- スイートチョコレート（カカオ分55％）…20g
- 生クリーム（8分立て）…80g

＜紅茶のクレーム＞
- 卵黄…1個
- 砂糖…15g
- 牛乳…50g
- 生クリーム…50g
- 紅茶パウダー…2g
- 粉ゼラチン…1g
- 水（ゼラチン用）…5g
- カルバドス…5g

＜ポンシュ＞
- カルバドス…10g
- 水…15g

＜デコレーション＞
- ラズベリー（冷凍）…40g
- 金箔…少々
- 金箔スプレー…少々
- スイートチョコレート…30g
- カカオニブ…20g

＜グラサージュショコラ＞
- 牛乳…65g
- 砂糖…45g
- ココアパウダー…15g
- 粉ゼラチン…1g
- 水（ゼラチン用）…5g
- スイートチョコレート（カカオ分55％）…30g

● Base

ビスキュイショコラ
生地の作り方は92〜93ページ＜ビスキュイ＞を参照。
★薄力粉にココアを加える。
1 底用に8mm丸口金をつけた絞り袋に生地を入れ、コピー用紙にぐるぐると直径11cmの円盤状に絞る。
2 中用に直径10cmの円盤状に絞り、1と共に190℃のオーブンで9〜10分焼く。

チョコレートムース
1 卵黄、砂糖をよくすり混ぜておく。
2 小鍋で牛乳を沸かし、半量を1に加えて溶きのばしたら、小鍋にすべて戻して耐熱のゴムベラなどでごく弱火で加熱。
3 うっすらととろみがつき始めたら火を止め、すぐにふやかしたゼラチンを加えて溶かす。
4 刻んだミルクチョコレート、スイートチョコレートを入れたボウルに3をあけて混ぜ、余熱でチョコレートを溶かす。
5 ボウルごと氷水にあてて混ぜながら冷ます。
6 さらにとろみがついたら8分立てにした生クリームを合わせ、全体をまんべんなく混ぜる。

8分立ての生クリームとチョコレートをまんべんなく混ぜておく。

紅茶のクレーム
1 卵黄、砂糖をよくすり混ぜておく。
2 小鍋で生クリームと牛乳、紅茶パウダーを沸かし、半量を1に加えて溶きのばす。
3 小鍋にすべて戻したら耐熱のゴムベラで混ぜながらごく弱火で加熱し、うっすらとろみがつき始めたら火を止め、すぐに水でふやかしたゼラチンを加えて溶かし、カルバドスを加える。
4 ボウルに移し、氷水に当てて混ぜながら冷ます。

加熱しすぎるとダマができるので、気をつける。

HOW TO MAKE

§ チョコ飾りを作る

01 溶かしたスイートチョコレート30gにカカオニブを混ぜ込む。

02 バットに敷いた透明セロファンの上に1をのばし、冷蔵庫でしっかりと冷やし固める。

Method ラフに大きく割ったほうがきれい

03 堅くなったら適当な大きさに割り、使う直前まで冷蔵庫に入れておく。

65

上級　HOW TO MAKE　ムースショコラ・テ

§ 土台を作る

04 底にラップを貼った型にビスキュイショコラを入れ、表面にポンシュをしみ込ませる。

05 4の型の半分くらいの高さまでチョコレートムースを流し入れる。

Method サイドに穴ができないようにする

06 スプーンの背でムースを型のふちまでなすりつけ、側面に気泡が入らないようにする。

07 チョコレートムースの表面に凍ったままのラズベリーを散らし、軽く押し込む。

08 紅茶のクレームを真ん中に流し、軽く平らに広げる。

09 両面にポンシュをしみ込ませたビスキュイショコラをのせ、軽く押し込む。

§ グラサージュショコラを作る

10 残りのチョコレートムースを流し入れ、表面を平らに整える。冷凍庫で完全に冷やし固める。

11 10が固まったら型を抜き、バットにのせたケーキクーラーか網の上にのせ、角を軽くパレットでこすってなめらかにする。

12 牛乳、砂糖、ココアパウダーを小鍋に入れて泡立て器で溶かし、中火にかけ耐熱のゴムベラで混ぜながら加熱する。

13 全体が沸騰し、さらに30秒ほど煮詰めたら火を止め、水でふやかしたゼラチンを加えて溶かす。

66

§ デコレーションする

Method
ダマをなくし、
人肌以下に冷ます

14 刻んだチョコレートに **13** を加えてよく混ぜ、チョコレートを溶かす。茶こしでこし、人肌以下に冷ます。温度が高いとムースが溶けてしまうので注意。

Method
たっぷりと
一気にかける

15 **14**をケーキの中央から一気にまわしかける。

16 上面をパレットナイフで往復させながら余分なチョコレートを周囲に流す。削りすぎないよう注意。

17 パレットナイフで側面のチョコレートをならす。すぐに冷え固まるので手早く作業するのがポイント。

18 スイートチョコレート（分量外）を溶かしてビニールの絞り袋に入れ、先端を切ってケーキ表面にラフな線を描く。

19 表面に金箔スプレーをふきつける。

20 **3**で作ったチョコ飾りを側面に貼り付け、金箔を飾る。

厚みのあるグラサージュショコラ、深い色みの2色のムースがシックな仕上がりに。皿に移すときはパレットナイフを底に差し込み、慎重に持ち上げて。

むらなく仕上げたグラサージュがこのケーキのデコレーション。

中級

Extra DECORATION *Method* ：コーティングチョコ／
コルヌ絞り

ケイクショコラ

コーティングチョコレートのマットな質感と金箔で
ちょっぴりクラシカルなデコレーションに。
焼き菓子もこんなに豪華になります。

材料 ふちが21×5.5cmパウンド型1台分

<ケイク>
無塩バター…50g
スイートチョコレート
（カカオ分65～70%くらい）…65g
はちみつ…10g
卵白…50g
砂糖…30g
卵黄…2個分
砂糖…25g
薄力粉…20g
アーモンドパウダー…20g
ココアパウダー…7g

ブランデーまたはカルバドス
（お好みで）…適量
<デコレーション>
コーティングチョコレート
（スイート）…適量
模様用スイートチョコレート…適量
金箔…少々

型の内側に無塩バターを塗り、冷蔵庫で冷やし固める。強力粉または薄力粉をまぶし、台に叩き付けて余分な粉を落としておく。

HOW TO MAKE

§ ケイクを作る

01 卵白に砂糖を加え、ハンドミキサーでしっかり泡立て、ねっちりとしたメレンゲを作る。

02 無塩バター、スイートチョコレート、はちみつを湯せんで溶かしたら砂糖、卵黄を入れる。

03 2にメレンゲの半量を加え、下から返すようにしてざっくりと混ぜる。

04 3にアーモンドパウダー、薄力粉、ココアパウダーを合わせてふるい入れ、ゴムベラでざっくりと混ぜる。

05 残りのメレンゲを加えて同様に混ぜ合わせる。全体が均一になり、メレンゲが見えなくなればよい。

06 型に5を流し入れ、中央を軽くへこませて170℃のオーブンで35～40分くらい焼く。

69

中級　HOW TO MAKE　ケイクショコラ

§ デコレーションする

Method
カットしたくずを
しっかり払うと
仕上がりがきれい

07 型から出し、熱いうちに好みで表面にはけでブランデーをしみ込ませる。ラップをして冷ましてから角をカットして面取りしておく。

08 7を網付きのバットにのせ、湯せんで溶かした温かいコーティングチョコレートを一気に流しかける。

09 表面をパレットナイフで平らにならす。あまり力を入れず、水平に動かすようにするときれいな仕上がりに。

10 側面もナイフを使ってきれいに9と同様にならしておく。

11 バットごと持ち上げてトントンと叩き、チョコレートが全体に行き渡るようにする。

Method
線はたくさん
描きすぎない

12 湯せんで溶かしたスイートチョコレートをビニールの絞り袋に入れて先端をカットし、縦に線を描く。

13 金箔は存在感を出して大きめに使い、アクセントとしてあしらう。冷蔵庫で冷やし、コーティングチョコを固める。

薄くカットして白いお皿にのせるとおしゃれ。金箔がアクセントに。容器に入れ、冷蔵庫で5〜6日保存可能。

Chapter 4 おもたせにも映える グラスとココットで 作るデザート

THE POINT OF GLASS & COCOTTE DECORATION

ふたつきココット

目の前でふたを開けたときに上がる歓声を想像して。

ミニココット

口径のサイズを考えてコンパクトなデコレーションを。

グラス

側面からの見え方を計算してフルーツなどを配置。

持ち寄りパーティやおもたせなど、手作りのスイーツを持っていくシーンはたくさん。そんなときにはグラスやココットなどを使ったスイーツにしてみては？ デコレーションが崩れにくく、持ち歩くときにもさほど神経を使わなくても大丈夫です。断面の美しさも見せるグラスデザート、小さな面積で見せるココットなど、器の種類によってスイーツの種類はもちろんのことデコレーションも決まります。スイーツを楽しんだ後も使っていただける器を選ぶのも素敵です。

With a vessel

初級

DECORATION *Method* : グラス／フルーツ

マスカットとグレープフルーツのシャンパンジュレ

シャンパンの泡を閉じ込めたジュレとフルーツが層になってグラスの中でキラキラ輝きます。
"シュワッと感"が残る食感で目にも口にも爽やかなデザートです。

72

材料 約150mlグラス3個分

<ジュレ>
粉ゼラチン…6g
水（ゼラチン用）…30g
砂糖…45g
水（ジュレ用）…100g
シャンパン
（スパークリングワインでも）
…130g

<デコレーション>
マスカット…適量
グレープフルーツ…適量
ライム…適量

Base

シャンパンジュレ

1 ゼラチンは分量の水でふやかしておく。
2 水に砂糖を溶かし、湯せんかレンジで温めて溶かしたゼラチンを加えて混ぜる。
3 シャンパンを**2**に加え、ラップをして冷蔵庫で1時間冷やし固める。

マスカットはグリーンを活かして。

グレープフルーツの爽やかな黄色がアクセント。

シャンパンの泡が抜けないよう、ラップして冷蔵庫に入れ、冷やしておく。

ライムは皮がきれいなものを選んで。

HOW TO MAKE

§ フルーツを用意する

01 マスカットは皮をむき半分にカットし、種を取り出しておく。変色するので、ジュレに入れる直前に。

02 グレープフルーツは皮をナイフでむき、果実を取り出してひと口大にカットする。

03 ライムは薄いくし形にカットし、実に切り込みを入れておく。

初級　HOW TO MAKE　マスカットとグレープフルーツのシャンパンジュレ

§ ジュレを盛りつける

Method
すくって盛りつけると、キラキラ感が！

01 ボウルにでき上がったシャンパンジュレは大きめのスプーンでざっくりと取り出す。

02 グラスに1をふわっと盛りつける。

03 ジュレとフルーツを交互に盛りつけていく。

04 最後にグラスのふちにひっかけるようにしてライムを飾る。

ジュレのシュワッとした食感が楽しめる。ライムを絞るとよりいっそうおいしい。

74

Variation

【ジュレとフルーツをチェンジ】

ぶどうといちじくのロゼジュレ

ロゼスパークリングに合わせてワイン色のフルーツを使います。

材料
<ジュレ>
73ページの材料のシャンパンと水をロゼスパークリングワイン100g、水130gにし、他は同様に。
<デコレーション>
巨峰(種なし)…適量
いちじく…適量

いちじくは飾り用を残して皮をむきひと口大にカット。巨峰は皮をむき、大きいものは半割りにする。

01 74ページと同様の作り方でロゼスパークリングジュレを作る。

02 ジュレとフルーツが交互になるようグラスに盛りつける。

03 最後に皮付きのいちじくを飾る。

初級

DECORATION *Method* :グラス／フルーツ

マンゴーとパインのパンナコッタ

グラスごしに見える真っ白なパンナコッタとフルーツの黄色のコントラストが
フレッシュなイメージのトロピカルデザートです。

材料 約100mlグラス4個分

＜パンナコッタ・ココ＞
牛乳…80g
湯…40g
ココナツミルクパウダー…40g
砂糖…40g
粉ゼラチン…5g
水（ゼラチン用）…25g
生クリーム…150g
ラム酒…適量

＜デコレーション＞
マンゴー…適量
パイナップル（缶詰）…適量
セルフィーユ…適量
ナパージュ…適量

Base

パンナコッタ・ココ

1 ココナツミルクパウダーを砂糖とよく合わせ、湯を少しずつ加えて混ぜる。
2 水でふやかしたゼラチンをレンジで溶かしておく。
3 1に牛乳を加え、さらに2のゼラチンを加えて混ぜる。
4 ボウルごと氷水に当てて混ぜながらとろみをつける。
5 生クリーム、ラム酒を加えてよく混ぜる。

ココナツミルクを乾燥させたココナツミルクパウダー。必要な分だけいつでも使えるので便利。

ココナツの味と色によく合うトロピカルなフルーツを揃えて。

生クリームは泡立ずに加え、なめらかな食感をつくる。

HOW TO MAKE

§ パンナコッタを作る

Method フルーツとパンナコッタの割合は3対7くらいに

01 グラスの7分目くらいまでパンナコッタを注ぎ入れ、冷蔵庫に入れてしっかりと冷やし固める。

02 フルーツを盛りつけるので、パンナコッタはこのくらいの分量がよい。

03 パイナップルを小さめの角切りにする。

初級　HOW TO MAKE　マンゴーとパインのパンナコッタ

§ 盛りつける

04 マンゴーは種にそってナイフを入れて切り分け、皮をむく。

05 3のパイナップルと大きさを揃えてカットする。

06 充分に固まったパンナコッタにフルーツをのせる。マンゴーとパインをバランスよくのせて。

Method
ナパージュで
フルーツを
つややかに

07 ビニール製の絞り袋にナパージュを入れたら先端をカットし、フルーツにたらす。

08 グラスからはみ出るようにしてボリュームを出しながらセルフィーユを飾る。

ナパージュをかけると。華やかさがアップし、フルーツの乾燥も防ぎます。

> Variation

【フルーツをチェンジ】

2色のフルーツの
パンナコッタ

フルーツの種類を変えるだけで
表情が変わります。

材料
<パンナコッタ>
材料と作り方は77ページと同様。
<デコレーション>
いちご、桃、ミント…各適量
ナパージュ…適量

桃は皮をむいてから小さめの角切り
に。いちごも大きさを揃えてカット。
桃は変色しやすいので、盛りつける
直前に用意する。チェリーやラズベ
リーを使ってもきれい。

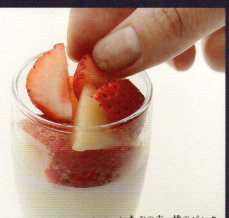

01 いちごの赤、桃のピンク
の2色のバランスを見な
がら盛りつけていく。

02 フルーツの上にナパージ
ュをかけてツヤを出す。

03 グラスからはみ出るよう
にしてミントを飾る。

● 初級

DECORATION *Method* : グラス／フルーツ

あんずの杏仁ブランマンジェ

2層になったブランマンジェの白とキラキラのジュレを活かし、
フルーツも彩りよく飾ります。エキゾチックな香りの大人のデザートです。

材料　約100mlグラス5個分

<ブランマンジェ>
杏仁霜…15g
砂糖…40g
湯…20g
牛乳…150g
粉ゼラチン…5g
水（ゼラチン用）…25g
生クリーム…100g

<杏露酒ジュレ>
杏露酒…100g
砂糖…15g
水…100g
粉ゼラチン…5g
水（ゼラチン用）…25g
<デコレーション>
アプリコット（缶詰）、
グロゼイユ…各適量

杏仁霜は杏の種を粉末にしたもので、杏仁豆腐の味と香りのベースとなるパウダー。アジアンスイーツには欠かせない材料。

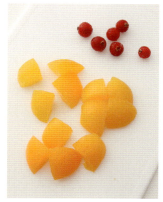

缶詰のアプリコットはキッチンペーパーに並べて水分をきっておく。

Base

ブランマンジェ

1　小鍋に杏仁霜と砂糖を入れ、よく混ぜ合わせる。
2　混ぜながら湯を少しずつ加えていく。
3　牛乳を加えたら弱火にかけ、混ぜながら加熱する。
4　鍋の周りがふつふつと沸き始めたら火を止め、水でふやかしたゼラチンを加えて溶かす。
5　4をボウルにあけ、氷水に当てて混ぜながらとろみを付ける。生クリームを液状のまま加える。

加熱すると粉っぽさがなくなる。こげないよう弱火で加熱するのがポイント。

ブランマンジェのベースに生クリームを加えてよく混ぜる

HOW TO MAKE

§ 盛りつけする

01　グラスの半分くらいまで杏仁ブランマンジェを流し入れ、冷蔵庫で充分に冷やし固める。

02　水分をきったアプリコットは¼の角切りに。

初級　HOW TO MAKE　あんずの杏仁ブランマンジェ

§杏露酒ジュレを作る

04 ボウルに砂糖、水を混ぜ合わせ、ふやかしたゼラチンを加熱して溶かして加え、杏露酒を加える。

Method とろみをつけてフルーツが沈まないようにする

05 4のボウルを氷水にあてて混ぜ、とろみがついたらアプリコット、グロゼイユを加えて軽く混ぜる。

06 固まったブランマンジェの上にスプーンで5を盛りつける。

07 フルーツのすき間を埋めるようにジュレを足してきれいな2層にする。差し色のグロゼイユがバランスよく入るよう注意して。

ブランマンジェをしっかりと固めると層が崩れずきれいな仕上がりに。相性のよいあんずと杏仁のハーモニーを楽しんで。

82

Variation 【グラスとフルーツをチェンジ】

メロンのジュレのせ

ボール状にカットしたメロンの存在感が
引き立つように横並びに出来る器を選びました。

材料

<ブランマンジェ>
材料、作り方は81ページと同様
<レモンジュレ>
砂糖…30g
水…200g
粉ゼラチン…5g
水(ゼラチン用)…25g
レモン汁…½個分
白ワイン…20g

★作り方は82ページと同様。杏露酒の代わりにレモン汁、白ワインを加える。
<デコレーション>
メロン、ミント…各適量

メロンはボール状にしてコロンとした形に。角切りにしてもよい。

01 メロンは半分にカットしてくりぬき器を使ってボール状にする。

02 器にブランマンジェを流し入れ、冷やし固める。

03 メロンを並べたらすき間を埋めるようにレモンジュレをのせる。

04 ミントを添えて清涼感アップ。

| プレートアレンジ 2 |

浅いプレートに盛りつけて、フルーツでデコレーション

ホームパーティの最後に出すときはプレート盛りにするといっそう華やか。

サバラン型やゼリー型などで作ったブランマンジェをプレートの中央に型抜きし、のせ、周りを囲むようにジュレ、フルーツをのせて最後にセルフィーユを飾る。

初級

DECORATION *Method* : ココット／ナパージュ

クレームマンゴー

牛乳やはちみつを加えてなめらかな食感のクレームマンゴー。
表面にナパージュを塗ったみずみずしいデコレーションがマンゴーのフレッシュさを際立たせます。

材料　長径約23cmのココット2個分

<クレームマンゴー>
マンゴーピュレ…300g
砂糖…20g
はちみつ…25g
牛乳…100g
粉ゼラチン…7g
水（ゼラチン用）…35g
生クリーム（6分立て）…100g
中用マンゴー
（冷凍でも）…150g

<マンゴーナパージュ>
マンゴーピュレ…10g
ナパージュ…50g
<デコレーション>
マンゴー（冷凍でも）、
グロゼイユ…各適量
金箔…少々

Base

クレームマンゴー

1 マンゴーピュレ、砂糖、はちみつを泡立て器で合わせ混ぜておく。
2 1に牛乳を加え、水でふやかしたゼラチンを湯せんまたは電子レンジで加熱して溶かし、混ぜながら加える。
3 6分立てにした生クリームを加え、全体を混ぜる。

とろりとするくらいに泡立てた生クリームを加えたら、泡立て器でよく混ぜ合わせる。

マンゴーは中用に1.5cm角くらい、デコレーション用に1cm角くらいにカットしておく。

HOW TO MAKE

§ 盛りつける

01 器の底に中用のマンゴーを散らしてからクレームマンゴーを流し入れ、冷蔵庫で冷やし固める。

02 マンゴーピュレとナパージュを混ぜ合わせ、マンゴーナパージュを作る。

03 固まった1にパレットで2を塗り広げる。

04 デコレーション用マンゴー、グロゼイユをのせたら最後に金箔を飾る。

中級

DECORATION *Method* : ココット／絞り

ココットマロン

表面にマロンクリームを絞り、栗とナッツを飾った秋らしいココットデザート。
持っていくときにデコレーションが崩れにくいので安心です。

材料 長径約7cmのココット4個分

＜マロンババロア＞
・アングレーズソース
　牛乳…70g
　卵黄…1個分
　砂糖…15g
　粉ゼラチン…3g
　水（ゼラチン用）…15g
マロンペースト…40g
ラム酒…3〜5g
生クリーム（8分立て）…80g

＜マロンクリーム＞
マロンペースト…120g
生クリーム…40g

＜デコレーション＞
栗の渋皮煮、ヘーゼルナッツ
…各適量
溶けない粉糖…少々

Base

マロンババロア

61ページ「マロンカフェ」と同様にアングレーズソースを作る。
1 アングレーズソースが温かいうちにマロンペーストに少しずつ加えて混ぜ、なめらかになったらラム酒を加える。
2 冷やしてとろみをつけ、8分立てにした生クリームを混ぜる。
3 ココットに中用にカットした栗の渋皮煮を入れ、スプーンで**2**を流し入れる
4 冷蔵庫で冷やし固める。

マロンクリームのデコレーションなら、やはり使いたいのはモンブラン口金。マロンクリームが目詰まりしないよう、しっかりなめらかにしておく。

栗の渋皮煮は¼にカットする。ヘーゼルナッツは½にカットしておく。

渋皮煮を入れることで、味のアクセントになる。

HOW TO MAKE

§ 盛りつける

01 マロンクリームを作る。マロンペーストを木ベラでよく練り、少しずつ生クリームを加える。柔らかくなったら泡立て器で混ぜ、なめらかにする。

Method はみ出るようにクリームを絞る

02 モンブラン口金をセットした絞り袋に**1**を入れ、器からはみ出させながら直線上に絞り出す。

03 器からはみ出たクリームはパレットなどですりきってふちをきれいにする。

04 栗の渋皮煮、ヘーゼルナッツを飾ったら溶けない粉糖を薄くふりかける。

上級

DECORATION *Method* ：ココット／絞り

バナナティラミス

ココットのふたを開ければコロンとした絞りがかわいいティラミスが登場。
中にはバナナが隠れている、ダブルで驚きのおもたせスイーツです。

材料 長径25cmくらいの
　　　 ふたつきココット1個分

冷凍ココアスポンジ
（直径15cm）…1台
★61ページのビスキュイショコラを参照し、シート状に焼いてもよい。

＜ポンシュ＞
インスタントコーヒー…2g
湯…55g

＜マスカルクリーム＞
マスカルポーネチーズ…125g
砂糖…25g
卵黄…1個分
ラム酒…10〜15g
生クリーム…150g
バナナ…大1本
ココア…適量

＜デコレーション＞
生クリーム…100g
砂糖…8g
ココアパウダー…適量

マスカルクリームのデコレーションには1cmの丸口金を使用。

バナナは8mm厚くらいにカットしておく。

·Base·

★冷凍ココアスポンジは7mm厚に2枚スライスし、ココットの形に合わせてナイフでカットする。

薄くスライスしたココアスポンジはココットに入るよう、少し小さめにカットしておく。

マスカルクリーム

1 マスカルポーネチーズをなめらかに練る。
2 1に砂糖、卵黄を混ぜ、好みでラム酒を加える。
3 しっかりと固めに泡立てた生クリームを加え、泡立て器でよく混ぜ合わせる。

マスカルポーネチーズと生クリームを合わせてふんわり感をアップ。

HOW TO MAKE

§ 土台をつくる

01 ココアスポンジをココットの底に敷き、インスタントコーヒーを溶かしたポンシュをたっぷりとしみ込ませる。

02 型の4割までマスカルクリームを流し入れたら表面を平らに整える。

Method
バナナはまんべんなく散らす

03 8mm厚にカットしたバナナの半量を2の上に並べ、少し押して埋め込ませる。

上級　HOW TO MAKE　バナナティラミス

04 3の上にポンシュをしみ込ませたココアスポンジを裏返してのせ、表面にもポンシュをたっぷりとしみ込ませる。

05 残ったマスカルクリームの半量を広げ、バナナを散らしたら残りのマスカルクリームを広げる。

Method ココットのふちについたクリームは拭き取る

06 ゴムベラで表面を平らにならしたら、冷蔵庫で冷やし固める。

§ デコレーションする

Method リズミカルに絞り、大きさを揃える

07 砂糖を加え、8分立てにした生クリームを丸口金をセットした絞り袋に入れ、しずく形に絞り出す。ココットのふたにつかないよう、高さに注意。

08 生クリームの2周目は外側よりやや小さく絞り出し、リズムをつける。

09 ココットのふちにラップを貼って汚れないようカバーにする。

10 茶こしに入れたココアパウダーを少し上から表面に振りかけ、そっとラップをとりのぞく。

取り分けるときは大きめのスプーンでざっくりと。この気軽さがティラミスの魅力！

ココアパウダーはうっすらとまんべんなく振りかける。

| プレートアレンジ 3 |

ショコラ、カフェ、マロン…
秋色のプレートはシックにまとめて

コーヒーや栗、チョコレートを使ったスイーツをまとめて大人っぽく。
プレートの上にキャラメルソースでラインを描いてちょっと気取った雰囲気に。

ポイントとなるフルーツも赤やオレンジなどフレッシュな色を避けるとプレートの雰囲気が統一される。ケーキ、デザートと同系色のキャラメルソースをライン状に絞って模様にし、ココアパウダーを散らしてプレートにもデコレーションした上にさまざまな形のものが並ぶとバランスがよい。

断面の美しさを活かして。

みずみずしいフルーツのタルトをワンポイントに。

キャラメルソースで模様をつけて。

ココットのデザートがアクセント。

91

Base この本に出てくる「ベース」の作り方

ジェノワーズ（スポンジケーキ）

01 コピー用紙を折ってホチキスでとめ、指定の大きさの箱を作る。ふちは2cmくらいあればOK。

02 卵と砂糖を混ぜながら、湯せんにかけて40℃くらいに温める。湯せんからはずし、ハンドミキサーの高速で泡立てる。

03 持ち上げたハンドミキサーからゆっくりと生地が落ちるくらいのボリュームが出たら泡立て終了。

04 分量の牛乳を加えてざっと混ぜる。

ビスキュイ

01 卵白をボウルに入れてハンドミキサーで泡立てる。ミキサーの跡が残り、ボリュームが出たら2回に分けて砂糖を加える。

02 しっかりとミキサーの跡がつき、持ち上げると角が立つようになるまで泡立てる。

03 モコモコとしたメレンゲになったら卵黄を加え、ハンドミキサーの泡立て器を1本はずしてざっと軽く手で混ぜる。

04 全体が完全に混ざりきらない、このくらいの状態で混ぜるのは終了。

カスタードクリーム

01 片手鍋に分量の牛乳と半量の砂糖を入れ、火にかける。一度沸騰したら火を止める。

02 同時進行で溶いた卵黄と残りの砂糖を泡立て器でよく混ぜ、ふるった薄力粉を加えてさらに泡立て器で混ぜ合わせる。

03 粉っぽさが残らない程度で混ぜるのをやめる。これ以上混ぜるとグルテンが出てのりっぽくなってしまうので注意。

04 沸騰した牛乳の半量を3に混ぜながらのばす。

この本で登場するケーキの土台となるベーシックな生地の作り方をご紹介します。
材料の詳細や分量は、それぞれのケーキのページをご覧ください。

05 薄力粉をふるい入れる。

06 とろりとしてつややかな生地になるまでゴムベラで混ぜ合わせる。

07 1で作った箱を天板にのせ、生地を流し入れる。

08 表面を平らに整えたら200℃のオーブンで9〜10分くらい焼き、オーブンシートかラップをかけて冷ます。

05 薄力粉をふるい入れ、ゴムベラで切るように丁寧に混ぜる。

06 ボウルを回しながら、ゴムベラで「の」の字を描くイメージでよく混ぜ合わせる。

07 粉が見えなくなった程度で混ぜ終える。少しメレンゲがまだら状態で残っていてもよい。合わせすぎないよう注意。

08 絞り袋に入れ、マーキングしたコピー用紙の上に絞り出して各レシピの指定温度、指定時間で焼く。

05 全体が均一になるまでよく混ぜる。

06 5をすべて牛乳の鍋に戻し、よく混ぜ合わせる。

07 強〜中火にかけてゴムベラで混ぜながら加熱すると、次第に濃度が出てくるので底からこそげるように混ぜながら加熱する。

08 さらに加熱し続けると生地のコシが切れて混ぜる手が軽くなり、中央から大きな気泡が湧き出てきたら火を止める。

93

基本の材料

この本で紹介したベースを焼くための材料を紹介します。
これさえ揃えておけば、ほとんどのベーシックなケーキは焼けるので、ぜひ挑戦して！

1　薄力粉
ケーキ作りで使うのは、特別な場合を除いてほとんどが薄力粉。タルト生地をのばすときなどに使う打ち粉は強力粉がおすすめです。

2　砂糖
しっかりとした甘さを出すため、特に指定のない場合は上白糖を使います。グラニュー糖を使っても構いません。

3　生クリーム
動物性乳脂肪分35％または36％のものを使用しましょう。冷やしながら泡立てるので金属製のボウルを使うと作業がスムーズです。

4　ゼラチン
粉ゼラチンが扱いやすいのでおすすめです。5倍の水でふやかしてから湯せんや電子レンジで加熱して溶かして使います。

5　バター
焼き菓子を作るときに生地に練り込むほか、型に塗ることも。ケーキ作りには無塩バターを使います。

6　牛乳
ババロアやムース、カスタードクリームを作るときに欠かせない材料。新鮮なものを使うのが最大のポイントに。

7　卵
Lサイズ（殻なしで約60g）が基本。卵の分量が明記してある場合は全卵をわりほぐし、きちんと計量することが大切です。

基本の道具

ケーキ作りのためにさまざまな便利グッズがありますが、基本的にはここに紹介したものがあればよいので、まずはここから揃えましょう。

1 ミニ泡立て器
量が少ないとき、ゼラチンを溶かすときに使ったりナパージュやソースを混ぜるとき、ひとつあると作業がスピードアップ。

2 ゴムベラ
ボウルの生地を型に流し入れるときや生地の表面を平らにするときに大活躍。耐熱性のものならさらに活用範囲が広がります。

3 ボウル
材料を混ぜ合わせるなど、ケーキ作りに不可欠な道具。ステンレス製で直径20cmくらいのものと小さなものがあると便利です。

4 ハンドミキサー
調理時間を劇的に短くしてくれる道具です。泡立て器の羽根（ビーター）が先すぼまりでないものがおすすめです。

5 ケーキナイフ
ジェノワーズやビスキュイをカットするときはもちろん、でき上がったケーキを切り分けるときにもその切れ味で大活躍します。

6 パレットナイフ
クリームやチョコレートを流したケーキの表面を平らに整えるときに必要な道具。大きく動かすのがきれいに仕上げるポイント。

7 はかり
ケーキ作りには正確な計量が欠かせません。1g単位で測れるデジタルのはかりは常に手元に置いておきましょう。

8 はけ
焼き上がった生地にポンシュをしみ込ませるときに使います。"塗る"というより"しみ込ませる"感覚で使いましょう。

9 泡立て器
ハンドミキサーを使ってもやはり必要な泡立て器。持ち手がしっかりしていて、大きすぎないものが扱いやすく便利です。

10 バット
底がないセルクル型などをのせたりカットしたフルーツを並べるなど、使用シーンが多い道具。長辺25cmくらいがおすすめです。

11 スプーン
小さな型に生地を流し込んだりフルーツをのせるときに便利です。普段使いのものでも構いません。大きすぎないほうが便利です。

12 フルーツナイフ
刃がギザギザになっていて切れ味がよいものが便利。細かい作業もスムーズにできるよう、小ぶりなサイズがおすすめです。

熊谷裕子（くまがい・ゆうこ）

1973年神奈川県生まれ。青山学院大学文学部卒業後、葉山「サンルイ島」、横浜「レジオン」、世田谷「ル パティシエ タカギ」などのパティスリー勤務を経て、2002年より神奈川県・中央林間にてお菓子教室「クレーヴスィーツキッチン Craive Sweets Kitchen」を主宰。2011年より文京区・千石に「アトリエ ルカド Atelier LeKADO」を開講。少人数制での実習とデモンストレーション形式でレッスンを行うかたわら、お菓子の書籍やムックでも活躍中。近著に『ショコラティエみたいにできる 魔法のボンボン・ショコラレシピ』（河出書房新社）、『焼き菓子アレンジブック』（旭屋出版）などがある。

アトリエ ルカド
http://www.lekado.jp/school/school.html
クレーヴスィーツキッチン
http://craive.webcrow.jp/

撮影協力
TOMIZ（富澤商店）
神奈川県、東京都を中心に多数の店舗を展開。菓子材料・器具のほかにも、パン・料理用の素材まであらゆる食材を扱っている。
オンラインショップ
https://tomiz.com

Staff
装丁　　　　　　根本真路
デザイン　　　　下舘洋子（ボトムグラフィック）
DTP　　　　　 宮島和幸（KM Factory）
撮影　　　　　　北川鉄雄（Studio colts）
スタイリング　　田口竜基
取材・文　　　　堀田康子
編集アシスタント　浅野美由紀（株式会社テンカウント）
企画・編集　　　成田すず江（株式会社テンカウント）

本書の内容に関するお問い合わせは、お手紙かメール（jitsuyou@kawade.co.jp）にて承ります。恐縮ですが、お電話でのお問い合わせはご遠慮くださいますようお願いいたします。

＊本書は2012年12月小社刊『魔法のデコレーション・メソッド』を新装したものです。

魔法のデコレーション・メソッド

2012年12月30日　初版発行
2018年12月20日　新装版初版印刷
2018年12月30日　新装版初版発行

著　者　熊谷裕子
発行者　小野寺優
発行所　株式会社河出書房新社
　　　　〒151-0051　東京都渋谷区千駄ヶ谷2-32-2
　　　　電話　03-3404-1201（営業）
　　　　　　　03-3404-8611（編集）
　　　　http://www.kawade.co.jp/

印刷・製本　図書印刷株式会社
Printed in Japan　ISBN978-4-309-28710-2

落丁本・乱丁本はお取り替えいたします。
本書のコピー、スキャン、デジタル化等の無断複製は著作権法上での例外を除き禁じられています。本書を代行業者等の第三者に依頼してスキャンやデジタル化することは、いかなる場合も著作権法違反となります。